本著作为河南省高校青年骨干教师培养计划（2018GGJS082）
研究与实践项目（2019SJGLX011）、校青年骨干教师培养计划

U0605266

大数据时代高校教育
管理及其信息化建设

DASHUJU SHIDAI GAOXIAO JIAOYU GUANLI JI QI XINXIHUA JIANSHE

卢保娣　著

吉林大学出版社

·长春·

图书在版编目（ＣＩＰ）数据

大数据时代高校教育管理及其信息化建设 ／ 卢保娣
著 . -- 长春：吉林大学出版社，2021.8
ISBN 978-7-5692-8644-1

Ⅰ．①大… Ⅱ．①卢… Ⅲ．①高等教育－教育管理－
研究－中国②高等学校－信息化建设－研究－中国 Ⅳ．
① G649.2

中国版本图书馆 CIP 数据核字 (2021) 第 169327 号

书　　名　大数据时代高校教育管理及其信息化建设
　　　　　DASHUJU SHIDAI GAOXIAO JIAOYU GUANLI JI QI XINXIHUA JIANSHE

作　　者　卢保娣 著
策划编辑　杨占星
责任编辑　滕岩
责任校对　杨宁
装帧设计　皓月
出版发行　吉林大学出版社
社　　址　长春市人民大街 4059 号
邮政编码　130021
发行电话　0431-89580028/29/21
网　　址　http://www.jlup.com.cn
电子邮箱　jdcbs@jlu.edu.cn
印　　刷　三河市嵩川印刷有限公司
开　　本　787mm×1092mm　1/16
印　　张　11.25
字　　数　190 千字
版　　次　2021 年 8 月　第 1 版
印　　次　2021 年 8 月　第 1 次
书　　号　ISBN 978-7-5692-8644-1
定　　价　55.00 元

前言

在信息技术快速发展的今天，运用大数据促进高校教育工作发展，提高其科研、教学、管理质量和效益已逐渐成为高校教育管理发展的主要趋势。基于大数据的信息化建设为高校提升教育管理质量和深化教学模式改革等提供了重要平台和抓手，大数据教育管理是高校教育管理发展的新阶段。

本书围绕大数据时代高校教育管理及其信息化建设展开研究，在内容编排上共六章：第一章是大数据时代高校教育管理发展概况，包括大数据的概念与处理流程、大数据的特性与重要价值、5G 通信网络推动下的大数据、我国高校大数据教育管理的信息化背景；第二章为高校教学管理及其信息化建设研究，主要包括高校教学管理信息化的理论依据、高校教学管理信息化建设目标、国外高校教学管理信息化建设经验启示、我国高校教学管理信息化建设促进对策；第三章是高校学生管理及其信息化建设研究，内容涉及高校学生管理工作及其信息化重构、信息化发展对高校学生管理的影响、信息化背景下高校学生管理创新思路、信息化背景下高校学生管理创新方法；第四章分析了大数据背景下高校思想政治教育的新机遇；第五章分析了高校思想政治教育信息化建设，内容涵盖高校思想政治教育信息化建设目标、高校思想政治教育信息化建设原则、高校思想政治教育信息化建设要求、高校思想政治教育信息化建设创新对策；第六章是高校创业教育及其信息化建设研究，分别对我国高校创业教育发展概况、信息时代对高校创业教育的影响、高校创业教育信息化体系构建、高校创业教育信息化体系实施保障展开论述研究。

本书观点新颖、结构合理，内容丰富，基于大数据时代高校教育管理发展背景，充分借助大数据技术对高校教育管理进行分析，以期提高高校教育的精准度、丰富高校教育管理资源。

　　本书在撰写过程中，得到专家、学者的指导和帮助，在此表示诚挚谢意。由于学术水平以及客观条件限制，书中所涉及的内容难免有疏漏之处，希望读者能够积极批评指正，以待进一步修改。

作者

2020 年 12 月

目录

第一章　大数据时代高校教育管理发展概况

随着大数据技术的快速发展，我国高等教育也得到了前所未有的发展机遇，同时各高校的教育管理工作也面临着严峻挑战。因此，各高校在展开教育管理工作时应做到与时俱进，不断丰富管理工作内容，促进沟通方式多样化。本章内容包括大数据的概念与处理流程、大数据的特性与重要价值、5G 通信网络推动下的大数据、我国高校大数据教育管理的信息化背景。

第一节　大数据的概念与处理流程

一、大数据的概念界定

大数据指远远超出传统数据处理方式的新型数据处理模式。这一概念带有一定主观性，因为"大"并没有一个明确的数值界定。随着科技的不断发展，数据总量的不断爆炸，大数据的标准呈现不断升高的趋势。

大数据的最大特点不在于数量的巨大，而在于对巨量数据的总括分析。换言之，对数据的处理能力才是判断一个大数据应用场景的不二法则，甚至良好的数据处理手段与方法能够大大增强大数据的价值。

由此可以总结出，大数据的两大核心特征：其一，数量巨大；其二，运算内容极其复杂。数量的巨大是确保大数据样本的前提，也是限制大数据精确程度的标尺。运算内容的复杂，则是为了保证大数据内容的多元化，若是千篇一律的重复数据，即使有大体量，也很难反映运算对象的全貌。

大数据技术是在"互联网+"背景下生成的一种新型产物,通过利用新的思维方式进行数据运用。随着互联网技术的不断发展,各种各样的数据也在不断增加,如何进行有效的数据处理成为一个很重要的问题。大数据技术不仅能够帮助企业提供数据处理,还能够对实际工作中各项数据的利用率进行提升,从而使整体数据得到有效保证。

大数据的系统架构主要分为数据准备、数据存储、数据管理、数据计算、数据处理、数据分析等环节,这些环节都有各自的特点,因此,在实际应用过程中必须根据大数据技术的特点进行针对性地应用,才能够有效提高大数据分析、处理能力,提高互联网大数据的应用效果。

二、大数据的处理流程

针对各个领域中复杂且规模巨大的海量数据,计算机的处理方式也是多种多样的,但在大数据的实际应用中,无论数据处理形式如何发生变化,大数据的处理流程主要包括四个部分:

(1)数据获取。数据获取是大数据处理流程的开始阶段,是利用数据采集装置,从系统外端接口获取特定数据,经过转化输入系统内端的存储空间。在数据源已有的前提下,数据采集的关键步骤是如何根据用户或软件需求获取更有效、更准确的数据信息。目前,在各个领域得以应用的数据采集技术有较多种类。在数据采集过程中,操作技术虽然相对简单,但如何处理海量数据的并发需求以及提高数据库的储存能力,是大数据领域在数据获取方面的主要研究方向。随着社会科技的飞速发展,数据获取的方式在很多方面也发生了本质变化,主要表现在智能数据采集系统的不断研发应用,促使大数据领域的数据获取进入一个全新的科技时代。

(2)数据处理。数据处理是大数据处理流程中的过渡阶段,是后续数据分析阶段的准备。数据处理包括对各种原始数据的分析、整理、计算、编辑等加工和处理,通过关联分析和归类分析等特殊方法,对各种类型的初始数据进行统一过滤和梳理。数据处理的过程主要包括数据清洗和数据集成等部分,通过整个处理流程,可以使各种数据类型和结构得以简化与统一,从而保障后续数据分析过程的效果。数据处理阶段是社会生活中系统工程和自动控制的基础部分,在很多领域都可以体现其重要作用。数据处理方式的不断创新及其实际应用,在很大程度上促进了大数据领域的发展。

（3）数据分析。数据分析是大数据处理流程的核心阶段，通过数据分析，可以挖掘数据的潜在价值，以发挥大数据在社会生活实际应用中的效果。数据分析过程的目的是发现并提取数据体系包含的内在规律并形成结论信息，从而对数据进行详细研究和总结。在数据分析过程中，数据分析结果可以帮助人们在生活场景中作出判断，从而采取适当的行为表现，也是大数据分析的价值所在。

（4）数据解释。数据解释是大数据处理流程的最后阶段，其实质是对大数据处理和分析的最终成果进行可视化展示。在大数据的应用领域中，经过处理分析的数据结果，不再局限于通过可读或可见的形式传输呈现给用户，而是需要融合人机交互、人工智能、计算机图形学和图像处理的最新技术成果，将数据分析结果通过更为丰富和更直观的形式展现并传达给用户。

第二节　大数据的特性与重要价值

一、大数据的特性表现

大数据的5V特征：规模性（Volume）、高速性（Velocity）、多样性（Variety）、价值性（Value）、可变性（Variability）。

（1）规模性。随着信息化技术的高速发展，数据开始爆发性增长。大数据中的数据不再以几个GB或几个TB为单位进行衡量，而是以PB、EB或ZB为计量单位。

（2）多样性。多样性主要体现在数据来源多、数据类型多和数据之间关联性强三个方面。

第一，数据来源多，因果关系强度不同。与传统交易数据不同的是，大数据时代企业面临的数据来源渠道更多，在互联网和物联网基础上产生了诸如社交数据、生产数据、管理数据等，因为数据来自不同的系统或不同的设备，所以数据类型是多种多样的，可以将其分为三类：①因果关系强的结构化数据，这类数据大多来自完整的系统，如财务管理、信息管理、医疗服务等；②没有因果关系的非结构化数据，如来自各社交媒体的音视频、图片、链接信息等；③因果关系较弱的半结构数据，如文档文本、电子邮件、网页等。

第二，数据类型多，非结构化和半结构化数据占大多数。早期的企业发展也会产生数据，但多以文本、表格形式存在。大数据时代，企业面对的数据中，70%～85%是非结构化或半结构化，多是无因果关系或因果关系较弱的音视频、图片、文本、链接信息等。

第三，数据之间的黏性强，且交互频繁。如某位游客在旅游时产生的图片、音视频，与他所处的地点、行程等有紧密联系。

（3）高速性。与挖掘传统数据不同，大数据时代的数据在增长速度和处理速度上都是极其高速的，人们在处理大数据前需要明确：一是大数据的总体规模非常大；二是对大数据的处理要求和处理速度要求严格，实时、高效、准确是处理的基本要求，明显不同于传统数据处理中批量导入分析、总结、取舍等做法。

（4）价值性。大数据的总体体量非常大，但真正有价值的只是其中一小部分的数据，占整个大数据库的比例较小。然而，正是这部分内容可能蕴含巨大价值。有些看似毫不相干的数据之间，可能还包含某种关联性，帮助人们对某件事或趋势进行预测，为此可以利用人工智能、机器人辅助分析或数据深度挖掘等方式，发现数据背后的商机与价值，并应用于工农业、金融、教育、医疗等领域，让大数据创造更多的财富。

（5）可变性。大数据的来源广泛，涵盖了人类生产、生活等各个方面，产生的数据规模巨大、数据结构复杂、数据性质多变；大数据和小数据相比较而言，往往具有更多的可变性和不确定性。

二、大数据的重要价值

第一，用新时代的信息技术处理大数据是技术与实践的结合。在新的时代背景下，互联网、物联网、智能社区、社交平台、电子商务等应运而生，这些新生事物产生了源源不断的大数据，其中云计算为其提供了存储平台，人们可以根据需要，对来源不同的数据进行分析、处理、管理，挖掘出有价值的部分服务于大众生活。

第二，大数据是推动信息产业发展的动力源泉。依托大数据，市场上涌现出一大批新技术、产品和服务；大数据还催生了硬件和软件的市场发展，如计算机处理器、内存计算、芯片等更新升级；大数据还对数据处理速度、难度、精度提出了更高要求，将进一步推动信息产业整体的高速发展。

第三，对大数据的利用是企业之间竞争的聚焦点。在信息时代，谁能准确有效利用大数据，谁就有掌握未来商业发展的趋势。例如，在零售行业，大数据可以帮助企业根据市场变化情况灵活调整店面、营销策略、价格等；在医疗行业，大数据可以提高医生诊断的准确性，减少医患矛盾；在服务行业，根据大数据的分析，为客户制定个性化的服务；在公共管理中，大数据在经济、社会、文化建设等方面的作用正在日益凸显。

第四，大数据为科学研究提供了新的方法和手段。大数据时代，研究者可以深入挖掘数据平台中的实时数据，发现数据背后规律性的存在，为得出研究结论和提出对策找到可靠依据。

第三节　5G 通信网络推动下的大数据

一、5G 通信网络发展概况

5G 通信网络所涵盖的数据信息具有种类多、数量大的特点，对大数据产业中的数据收集、传输、存储等环节，都有积极的促进作用。为了保障 5G 通信技术能够更好地促进大数据技术的运用，需要优化传输系统。

大数据与 5G 在技术上具有高度的互补性。5G 的普及能够极大提升大数据技术的场景化应用。相对于 4G 信号，5G 技术具有传输速率高、覆盖范围广的优势。5G 普及以后，每一个移动设备都将成为互联网世界的重要联结点，网络结构将发生翻天覆地的变化，而区块链技术的加入使数据传输、存储、共享、处理变得空前高效，大数据由此拥有了广阔的发展舞台。

网络数据中心是大数据网络架构中的重点部分。网络数据中心可以完成各个类型信息的输入和输出，确保信息能够得到有效传递。通信系统主要由核心网（Core Network）、宏基站（macro base station，简称 MBS）和微基站（small base station，简称 SBS）三部分组成。目前，还需要相关的大数据技术人员加大数据网络架构的设计研究力度，进一步提升大数据网络架构设计水平和能力，只有保证大数据网络架构具有一定的扩展性，才能使大数据网络架构自身的价值充分发挥。

由于 5G 通信技术相比其他技术的优点更多，所以在构建 5G 通信网络架构时需要充分应用大数据技术，进而把 5G 通信网络环境的安全性、高效性以及稳定性等特点展示出来。同时，5G 通信网络架构与大数据技术之间还可以相互促进、相互融合，提升社会的发展效益①。

二、5G 通信网络对大数据的影响

第一，5G 与大数据技术的融合发展，能够极大地提升智能化时代的生活体验。一则，5G 技术与大数据技术的联动，能够极大地简化通信架构的运行模式，让互联网数据访问速度得到大幅度提升；二则，服务器能够通过大数据技术准确抓取用户真正需要的全部内容，然后通过 5G 将内容全部反馈给用户，极大地提升了互联网访问体验，颠覆了互联网的应用场景。

第二，5G 通信网络可以提升大数据的数据收集分析能力。5G 通信网络布局的科学性、合理性能够在整个数据分析过程中，根据 GPS 技术三维射线追踪数据，获取到天线数据和网络数据，最终准确定位到客户位置。例如，用户移动性数据分析，用户的移动频率表明用户移动的强度，是用户在单位时间内位置发生改变的次数。通过用户 ID 筛选用户所有的通信记录，进行相应的日期和时间排序，获悉用户的移动轨迹。在云无线接入网之中，还可利用动态图计算 BBU 和 RRH 之间的一对多动态映射关系，分析 RRH 的聚类问题，并选取整体性能最优的鲁汶算法进行计算。

第三，5G 通信网络可以提升大数据的数据挖掘能力。大数据主要是深层次的挖掘和分析 5G 通信网络中的数据。5G 通信网络构架的完善，能够帮助大数据产业更好地进行数据挖掘和分析，找到数据特征。这些特征可以当作完善大数据产业发展的重要依据。

第四，5G 通信网络可以提升大数据的数据存储能力。大数据存储技术需要在完成数据分析后，才能对各类数据进行存储。5G 通信网络的运用，能够帮助技术人员对基站信息、干扰信息和义务流数据等复杂的数据进行分析和分类存储。

5G 通信网络帮助把多种不同的云数据接入大数据的运用中，大幅度提升云数据的感知力，并在 5G 通信网络支撑下，对大数据技术进行深层次分析，比如基础数据、用户数据以及边缘化数据，等等，从而进一步优化和完善大数据存储

---

① 杨志明 .5G 通信网络对大数据技术的发展与促进 [J]. 电子测试，2020（21）：119–120.

技术的运行环境。

第四节　我国高校大数据教育管理的信息化背景

一、高校教育管理的信息化建设

在现今大数据时代背景下，社会各行各业的发展已经离不开信息技术，信息技术具有促进社会经济快速发展的作用，使社会信息化发展成为一种必然趋势。教育信息化、企业信息化和政府信息化作为社会信息化的核心，对社会发展起到显著的推动作用。高校作为理论创新和科技创新的主体，更应该充分发挥自身主体作用。高校教育管理信息化是指高校在国家和教育部门的规划和引导下，合理应用信息技术，为社会发展提供如培养人才、科学研究等全方位的服务。

（一）高校教育管理信息化建设的作用

（1）高校教育管理信息化建设是高校办学水平的重要体现。教学与科研作为高校教育过程的中心环节，最能够体现高校的发展水平。对于教学与科研水平的提升，信息化服务起到促进和决定作用。据相关调查研究可知，两者之间具有一定的相关性，信息化服务的作用越显著，教学与科研水平越高。

在教育管理信息化建设过程中，高校应积极引进科技创新的最新成果，不断加强对信息化建设的管理和研究，通过先进的科学信息技术，增强教师的教学能力和科研能力，并提高学校的管理水平和服务水平，从而提升高校的办学水平。总之，信息化服务水平决定教学与科研水平，进而影响高校的办学水平[①]。

（2）高校教育管理信息化建设是高校提升人才培养能力的重要手段。随着信息技术在教育行业的逐步深入和广泛应用，各高校的教学模式和学习内容也在发生变化，高校教育管理信息化建设不仅是高校教育与信息技术相融合的成果之一，也是提高学生综合素质和加强学生学习能力的重要途径。

相比于传统的教学模式，信息化教学具有全面性、快捷性和便利性等独特优势，既可以提高学生的知识水平，还可以扩展学生的知识层面。信息化教学通过

---

① 康巍巍. 大数据时代下的高校教师专业发展 [J]. 教育与职业，2016，000（015）：46-47.

先进的科学且多样化的教学方式，激发学生的学习动力，让学生积极主动地参与学习活动，从而取得显著的教学成果。

（3）高校教育管理信息化建设是高校加强对外交流合作的重要平台。近年来，对外交流与合作成为各高校的教育使命之一。对外交流与合作包含多个层面，既可以指国内外，也可以指理论研究和科学研究。教育管理信息化建设，实际上是为高校对外合作与交流发展搭建平台，其作用体现在宣传学校的同时，还建立更多的合作关系。

（4）高校教育管理信息化建设是服务社会的重要窗口。教育行业对社会发展所产生的影响和作用是积极且多方面的，需要进一步拓展。具体而言，各高校通过多种方式为社会提供服务，如科学研究、人才培养以及社会实践等，学校在提供这些服务的过程中既促进了社会发展，也提高了自身教育水平，对于双方而言是共赢。因此，教育信息化建设是促进社会信息化发展的重要途径之一。

（二）高校教育管理信息化建设的发展趋势

如今，信息技术已经成为高校教育管理信息化建设的必要条件，尤其是先进的信息技术。根据信息技术的发展情况，高校教育管理信息化建设需要及时进行更新和完善。由此可见，促进教育变革和创新，构建信息化教育体系，建设学习型社会，培养高素质创新型人才，是社会各行各业共同面临的重大课题[1]。

第一，信息化由数字化转向智能化。随着信息技术的快速发展以及广泛应用，社会经济信息化发展步伐逐渐加快，各个行业的发展呈现出显著的信息化特征。换而言之，信息技术已经渗透至社会的每个角落。高校教育管理信息化建设的发展也发生了明显变化，即从数字化转向为智能化。其中，数字化指各类信息以数字、数据的形式存在，其数字化过程是将不同的信息转变为能够计算的数据，并建立数字化模型，再将这些数据转变为二进制代码输入计算机内部，最后进行统一处理。智能化则指人们在应用大数据、云计算以及物联网等技术基础上，将所需事物的被动属性转变为能动属性。

第二，一体化发展趋势逐渐明显。针对大量的信息资源采集、统计、分析和应用，数据处理技术提供了更多的可能性，而高校教育管理信息化建设则利用多种不同的信息处理方式，通过对教育教学相关的信息资源进行分析和探究，构建

---

① 申怀亮. 高校教育管理信息化建设 [M]. 北京：光明日报出版社，2016.

有助于人才培养和发展的创新型智能校园。此信息化校园借助云服务平台，主要以大数据采集和分析为核心，以物理校园建设为终端，以管理服务平台为应用形式。在校园管理服务平台中包含大量的教育资源，比如在线课程、智能训练等，这些教育资源不同于以往单一、匮乏的信息资源，具有多样性和个性化等优势特征，不仅能够打破传统的教学方式，而且能够为学生提供个性化的学习服务，即根据学生的学习情况和个性特征，为其制订相对应的学习计划，帮助学生提高学习效果，加强自身的学习能力，从而促进学生实现学习目标。

第三，数据服务价值进一步提升。早期的数据价值体现为数据信息，而现今的数据价值体现为数据服务。数据服务指将各类不同的数据进行整合和优化，形成系统的数据资源库。此数据服务平台主要为高校的人才培养、科学研究等工作提供服务，具有高效、安全、共享等优势。通过这种方式，高校还建立了辅助决策系统，也是教育管理信息化建设体系的重要组成部分，其目的是为学校决策提供参考服务，有利于学校快速且稳定地发展。因此，数据服务是现阶段数据价值的最大体现。

二、高校学生信息素养的提升

一个人的信息素养由自身具备的信息意识、掌握的信息知识，拥有利用信息化思维解决问题的能力组成。

信息素养主要由三个方面构成：信息意识、信息技能和信息伦理。信息意识是客观存在的信息活动在人类大脑中产生的反映，体现人们对身边事情的敏感性和对事物的观察能力、判断能力。这是人特有的意识，让人们不自觉地对信息产生渴求，进一步对信息产生兴趣而搜寻并利用。

信息技能是具体信息技术能力的体现。在需要搜寻利用信息时，合理利用信息检索工具和检索方法，可以大大提升工作效率。计算机技术、通信技术等现代专业信息技能的发展，使人们的生活越来越丰富多彩，拉近了人与人之间的距离。信息伦理指信息在开发、利用、管理过程中的伦理准则，不仅制约着人们的道德行为，也规范了信息产业，调整人们之间的关系以及个人和社会之间的行为规范。

（一）信息素养的主要特性

1. 信息素养的变化性

信息素养的标准定义随着时代变化而变化。国家要发展，社会要进步，需要科技不断创新，而信息技术的发展是伴随社会需求不断向前的。人们从小到大或多或少地接触过信息素养的培养，如计算机的操作课程、信息普及教育课等，而过去所学的信息知识并不能跟上社会日新月异的变化，只有不断学习新的信息技能，才可以紧跟时代的发展。

2. 信息素养的多面性

虽然在信息社会，每个人都应具备相当的信息素养，但由于生活环境、家庭背景、教育理念等不同，每个人信息素养的程度也有差异。信息素养可以表现为公民信息素养、利用信息素养、开发设计信息素养等。尽管信息素养表现出复杂多面，但并不是定义人们要局限在某一个方面。人从出生对信息所知"无"开始，到慢慢从外界接收、学习，信息意识不断增强，对信息技术也有了认识。在这种情况下，具备一定基础能力的人可能由于自身所处的环境（工作或学习方向），会接受专门的信息相关培养，他们更能利用信息到自己的生活或是工作中，信息成为他们获取更多物质的工具；有些人则是将信息当作事业的发展方向，更进一步钻研。

3. 信息素养的表现性

信息素养的高低需要看其在具体生活实践中的表现。课本上和听来的理论知识只是一个大概的方向和实践依据，而真正将理论与实践相结合，才能体现信息素养的真正价值，即信息素养最终体现的是实际操作的表现，只有真正的实践表现，才能从抽象的理论知识转到具体的实际价值上，才能有更深刻的理解和认识。

4. 信息素养的普遍性

信息素养强调的一个重要特点是普及，也就是说，信息素养在信息社会中对于每个人来说都是普遍存在的，是公民尤其是高校学生广泛的素质。如今的社会是高速发展的社会，信息素养成为人们，尤其是高校学生应该普遍具备的基本素质，人们无论在学习还是在生活中，都会接触到形形色色的信息系统，利用信息技术解决问题便成为人们首选的方式。但是，不同于以往的素养判断标准，信息素养并没有一个权威的界定。一般而言，文化程度高的人拥有相对较高的信息素养，但这并不绝对，尤其是在高校中，学生表现出远高于教师水准的信息素养也并不罕见。

5. 信息素养的层次性

尽管信息素养对高校学生而言是必要的，但基于每个学生知识水平、知识结构、年级、地域的不同，高校学生之间信息素养的结构性差异仍然显著。为了界定信息素养的量，我们主张从三个维度对高校学生的信息素养水平进行考量，即基本素养、专业素养、实践素养。总体而言，这三个维度的素养各有高低层次之分，且都是通过教育得到提升。

这一阶段主要是针对大一新生，对他们进行信息素养培养，实际上是一种基本信息素养的培养。大一新生具备基本信息素养以后，随着年级的升高，到了大二、大三阶段，由于经常接触信息技术，也接受更多专业知识和专门技能，信息知识、信息能力、信息伦理等得到进一步提高，他们便可以发展到专业信息素养阶段。到大四和研究生阶段，一般进入实践研究阶段，高校可以安排专业实习、毕业设计、项目研究、课题开发等项目，并结合具体的实践活动和研究任务，让学生能够充分利用已有的信息素养进行实践和研究创新。这样学生就可以发展到实践与创新信息素养阶段。

6. 信息素养的实践性

虽然信息素养包括信息意识、信息情感、信息伦理道德、信息知识、信息能力等多方面内容，但其本身主要表现在信息技术的操作能力上。简而言之，语言并不能成为衡量一个人信息素养水平的尺度。具体而言，高信息素养体现在行动方式、思维方式，甚至是情感与道德考量方式上。对于实践与创新信息素养的人来说，信息能力是占综合信息素养最主要的部分。

纯理论只能存在于象牙塔，只有结合实践的理论才能真正发挥价值。21世纪所需要的人才，不是只懂得信息系统工作原理的人，而是能够使用信息软件查找、分析、评价和利用信息的人。因此，在判断大学生是否具有信息素养时，不仅要看他的信息理论知识储备是否充足，还要看他的信息素养能力如何。由于信息素养的表现具体要落实在实践上，无论是信息能力还是信息知识，只有通过具体操作信息系统才能有所提高、有较为深刻地理解。

（二）大学生信息素养的重要性

1. 大学生信息素养是新时代的必备素养

在大数据引领的新变革中，我国在很多领域有着进步与创新，大学生作为当今社会的中坚力量，必须与时俱进地提高自身能力。大数据时代，信息素养已经成为与思想道德素养、文化知识素养、身体素养、心理素养一样不可或缺的必备素养。

计算机与互联网的发展已经融入人们日常生活的方方面面。新时代，信息的生产利用直接反映一个国家的科技水平，也同样体现出国民生活质量水平，同时，国家的竞争力也与国民信息素养高低相关。上至天文，下到地理，甚至微小到基因序列重组，一切都离不开信息，这是一种已经切实存在的、抓得住、把握得了的重要资源，而良好的信息素养是掌握这些有利资源的保障。大学生信息素养的培养关系到国家未来的发展，作为未来信息建设的骨干，传递和使用信息是信息素养的基本部分，为此，大学生应具备简化复杂信息的能力、掌握细分问题的技巧，成为真正适应大数据时代的信息人才。

2. 大学生信息素养是培养信息化人才的根本

所有的信息技术以及信息传播都需要人完成，计算机功能已经空前强大，但拥有与之相匹配的操作人才更是当务之急。高校在传统教育中习惯性地传播标准知识，让学生单方面接受所传递的知识，学生成为被动的接受者。

现代网络技术的发展，让人们可以根据个人喜好和想法，自由地在网络上搜索信息，主动对自己的爱好和特长进行补充学习。这样做可以节省大量的时间成本，让学生不必重复学习已有的知识，可以针对薄弱环节进行深化学习，使学习更具有目的性。

拥有信息素养是大数据时代培养人才的基本要求，高校在人才培养过程中也要尊重、适应时代的选择，重视大学生信息素养的培养。

（三）大数据与非大数据的异同

第一，信息认识的转变。大数据的到来让人们对信息的认识发生了翻天覆地的转变，也改变了人们处理信息的思路。在大数据时代，无数信息分布在人们周围，其中不乏特定代表性的信息，使随机进行的信息采样变得没有意义。和传统采样论证不同，大数据可以让人们对更多的信息进行分析，这样做的结果是过去因为技术等无法掌握的问题可以得到解决。

第二，信息收集的方式。一切信息在大数据背景下都变得意义非凡，与信息不太沾边的事用数值量化成数据模式，就能转化成为我们所使用的数据信息。因此，要转变传统的观念，这是大数据时代我们应该对信息收集所具有的新的认识。

第三，信息技术的发展。伴随大数据而来的是技术上的革新。大数据是信息化社会的重要特征之一。过去，人们大多面对的是结构性数据，这类数据简单易掌握，如同成员登记表一样，而如今已不单是传统的结构性数据，非结构性数据同样占据人们的生活并充满变化性，如风向的变化，一些难以想象的突发情况等，都是我们无法预测的。面对时代的瞬息万变，信息存储技术是为人力、物力所节约的最好体现。大数据时代让所有的信息产生了联系，形成了一个庞大的相关系统，但导致传统的信息技术已经不再适应于现代的信息安全。

第四，信息环境的变化。大数据时代，更多的信息数据可以被量化。依托于计算机技术发展，带来了数字测量和存储设备，大大提高了数据化的效率。

第五，思维的变革。在大数据背景下，事物之间不再有因果关系，而是转变为相关关系。在信息量有限的过去，人们靠事物的联系，可以尝试着推断事情，但在大数据背景下，即使是微小的联系，也可以变成不可估量的价值。通过事物之间的相关关系，人们可以比以往更容易、更快捷、更清楚地分析事物。

现在，人们手中有着巨大的数据和空前的计算手段，已经不再需要用传统的思维进行简单推导、联想。先进的技术和工具早已替代人们的劳动，并对事物间的潜在关联一击即中。这种由点及面、举一反三的关联思想是大数据背景下最重要的思维方式，懂得适应时代而不是故步自封，才能让人们更准确、更迅速，并且不受偏见地做出最合理的判断。

（四）大学生信息素养的具体表现

1. 数据挖掘

数据挖掘在 20 世纪问世，是从大量的繁杂、没有规律的信息中挖掘出对使用者有价值的信息手段。随着大数据时代的到来，越来越复杂的信息数据处理接踵而至，与时俱进，提升大学生信息素养的意义显得更加重要。

数据挖掘在现有的商业竞争中非常活跃，尤其是在日常的市场销售环节。人们在销售商品时，就是一步步挖掘用户喜好的过程。当然，随着大数据时代的到来，这门技术更是存在于金融、互联网、语音服务等多个领域。因此，合理利用数据挖掘技术，可以充分发掘潜在的顾客和效益。

传统的制造行业也离不开数据挖掘技术，每个产品有特定的数据分析结果，从每个分析的数据结果中找出需要解决问题的信息，对有缺陷的产品从数据源头找出原因，在重点环节进行改造，提高生产效率。

在教育行业中，数据挖掘技术有助于教师对学生生活中的心理状态、上课情况等进行统计分析，从而优化教育资源分配以及提高教学质量。

网络让信息资源的传播有了超乎想象的效率，搜索引擎的辅助以及电子商务平台的创立等，让数据挖掘技术在海量的数据信息里找到用户所需要的信息，甚至预测到可能对用户有用的信息。

2. 信息加工

信息加工是对收集来的信息进行去伪存真、去粗取精、由表及里、由此及彼的加工过程，是在原始信息基础上，生产出价值含量高、方便用户利用的二次信息的活动过程，从而使信息增值。因此，只有在对信息进行适当处理的基础上，才能产生新的、用以指导决策的有效信息或知识。

互联网给人们带来了便捷和有用的资源，但其开放性也让人们受到垃圾信息的侵扰，为此需要人们懂得筛选辨别。例如，对于收集到杂乱无序信息，需要人们有对这些信息进行重新排列组合，去其糟粕的能力。不仅如此，还要学会对挑选出的信息进行比较，才能使信息更具有使用价值，乃至形成新的信息。

3. 信息筛选

大数据时代，学生需要拥有的重要素养之一是懂得对信息进行取舍。对人类而言，掩盖遗忘是很正常的事情，然而数字技术和全球网络的发展让这一常态发生改变，大数据让我们活在了一个很多事情无法遗忘抹去的世界当中。

一些大型的互联网机构把收集到的信息都存储在他们的服务器里，搜索引擎就是其中一个很明显的例子。一些大型的搜索引擎，强大的技术让用户利用关键字就可以很快访问所要登录的网站，同时这些企业本身就拥有庞大的信息，在互联网的帮助下这些信息变得互通有无。

（五）信息素养对大学生未来发展的影响

（1）大学生作为承前启后的栋梁之材，肩负着时代责任。要做到符合当今时代需求的人才，需要做到三点：①拥有相关技术，包括系统、硬件、软件等技能的掌握；②拥有与数量相关的知识，包括数学、算法统计等；③拥有足够的业务能力，需要在专业领域掌握相关知识。以大型企业为例，技术支持从来都是大数据存储的本质，并且不是单纯地记录，还要懂得适时分析以及如何分析。企业在招聘人才进行信息化建设过程中，对数据进行综合分析已成为迫切需求，招募更多领域的专业型人才，同时兼备较高的信息素养，拥有信息敏感性的复合型人才是立足大数据的根本。高校要合理地利用数据信息，这是选择全方位人才的根本，也是重要方法。

（2）网络方式的普及。互联网最早出现时是为军事服务的，随着信息化的发展，互联网已经进入人们生活的每个角落。随着人们生活水平的提高，互联网走进了千家万户，即便在一些欠发达的小村镇，网络式的推广也布满了街区，利用互联网平台走进生活是现在各大厂商的竞争方向，企业、商家已经将这里作为重要的推广战场。与此同时，像零售、教育，甚至装修和家政服务，也相继推出了在线服务平台，让人们坐在电脑前就能获取想要的专业内容和信息，缩短了客观的时间空间。在大数据时代，网络已经成为不可或缺的重要平台，具备相关信息素养熟练操作网络，获取资源、利用资源是如今大学生未来发展的必修课。

（3）大数据时代下的机遇。依托大数据信息，为科学决策提供了有力保证，也提高了决策服务效率。大数据让人们得到了更多反馈，人们不再像以往一样处理问题。同时，国家提升对信息建设的重视，越来越多的专业人员被安放到重要岗位，加大整个产业的投入力度。

在社会大数据基础信息建设的同时，有了政府的扶持，形成覆盖有线、无线的社交网络，再利用大数据挖掘与分析技术解决问题，不但提升服务质量，也为更多还未步入社会的大学生做出职业引导和商机拓展。

第二章　高校教学管理及其信息化建设研究

在高等教育现代化发展背景下，利用现代信息技术优势推动高校教育管理工作创新，是实现教育管理现代化的重要举措。教育管理信息化是信息化社会的呼唤，能够有效提升高校教育管理工作质量，是推动高校信息化发展的重要举措。本章重点论述高校教学管理信息化的理论依据、高校教学管理信息化建设目标、国外高校教学管理信息化建设经验启示、我国高校教学管理信息化建设促进对策。

第一节　高校教学管理信息化的理论依据

教学管理是为了实现教学目标，按照教学规律和特点，对教学过程的全面管理。高校教学管理是高校进行教学的重要工作之一，是高校管理者依据一定的教育思想，通过一定的管理手段，本着遵从教学规律和管理规律的原则，对教学过程进行计划、组织、指挥、协调、控制，维持高校正常的教学秩序，以期达到教学资源的优化配置，并使教学实践能够达到预期目标，兼具实践意义与学术意义的活动是高校所特有的，教学管理本质上也是高校学术思维与管理思维的集合。某种意义上说，教学管理是一门能够在实践中推动教学发展的学术门类。一般认为，现代高校教学管理的研究理论主要基于教育心理学、教育管理学、高等教育学、教育技术学等教育学和管理学的相关学科。

高校教学管理信息化是管理信息化思想在高校教育管理领域的衍生，指在现代教育思想指导下，利用计算机、网络通信及多媒体等现代化信息技术，对高校教学过程进行管理，从而达到既定教学目标的状态或方式，是信息技术在高校教育管理领域的具体应用。高校教学管理信息化依托先进的信息技术，依据现代高等教育与管理思想，改变高校传统的教学管理方式，通过对教学过程实施高效率的计划、组织、指挥、协调、控制，以实现高校教学目标的过程。高校教学管理信息化不仅意味着高校教学管理信息系统相关硬件、软件平台的开发建设，更包含教学管理理念的现代化、科学化、高效化[①]。

高校教学管理信息化是对传统教学管理方式的改变，其研究涉及教育学、管理学的相关理论，由于高校教学管理信息化建设包含高校教学管理信息系统硬件和软件建设，属于电子校务实施的一部分，因此其研究也涉及电子政务的相关理论。

一、教育学理论

教育学是一门独立的学科，是研究人类教育现象和解决教育问题、揭示一般教育规律的社会科学，是对教育活动过程中理论与实践经验进行归纳总结，并为未来教育活动提供经验参考的有目的地培养社会人才的实践活动。教育学的研究对象是在教育价值观引导下形成的、客观存在的实际教育问题，教育问题普遍存在于人类社会生活中，具有一定的必然性、稳定性、重复性、现实性、辩证性及科学性，教育学研究的最终目的在于通过对现实教育问题的研究，总结教育经验、归纳教育规律、形成新型教育价值观念，以科学的理论和观念服务于未来教育和创新型人才培养计划。

教育学涵盖的教育技术学、教育管理学、教育心理学、高等教育学等分支学科，都是进行高校教学管理信息化研究的理论基础。如教育心理学中的行为主义学派、认知学派以及建构主义的教育教学理论，为构建教学管理新模式的理论假设提供依据；教育技术学中的技术手段为教学管理提供了直接的实践方法；教育管理学是研究教育管理过程及其规律的科学，研究教育工作的管理和组织领导，包括各级各类教育行政机关和各级各类学校管理工作的科学理论和行动规律，认识教育系统及其政策，提升管理者的认识水平以及管理能力；高等教育学是专门以高等教育运行形态和发展基本规律为研究对象的具有综合性、理论性和应用性

---

① 丛亮.大数据背景下高校信息化教学模式的构建研究 [J].中国电化教育，2017，000（012）：98–102，137.

的教育科学，其立足新时期、新任务、新特点，探索高等教育和人才培养的基本规律。

二、管理学理论

人类从事各项社会活动，必然需要某种意义上的指挥与协调，即需要一定的管理，于是管理学应运而生。这一科学是为了实现集体活动而采取相应的活动服务，是研究一个集体的形成、壮大、衰亡与运转方式的科学。具体而言，管理学负责解决的是人、财、物的运转方式问题，目的是使人、财、物的配置达到合理预期。在方法上，管理学需要综合使用定量分析与定性分析。尽管大多数管理学理论及学术流派的研究主要针对企业管理，但是管理学理论对教育管理理论的形成和发展，对教育实践活动同样具有指导意义。

从包含泰勒为代表的科学管理、法约尔和韦伯为代表的行政管理两种思潮的古典管理理论到人际关系理论，再到行为科学理论，管理理论经历了三次重大飞跃，这些管理理论的每一次发展都对教育管理产生了不可忽视的影响。

（1）科学管理理论。科学管理理论是20世纪最早的管理学思想，以效率为核心思想；对教育管理领域的影响主要表现在：教育效率观的引入、教育标准化运动和教育测评运动等。

（2）人际网络理论。人际网络理论对教育管理的影响，主要表现在：强调集体视域下每个个体行为对整体行为的影响，以及个体心理与集体思维的离合关系。重视教师参与学校的教学管理；重视民主教学和民主监督等。

（3）行为科学理论。行为科学理论对教育管理领域的影响主要表现在：为教育管理提供多纬度的研究视野；强调教育管理的实证方法研究；提出在教育管理研究中将学校看作一个开放的系统，使人们对学校和外部环境的关系有了更进一步的认识。

三、电子政务理论

电子政务指高效、开放的政府凭借计算机技术、现代通信技术等高新技术在安全可靠的网络平台上行驶管理职能，开展政务活动。电子政务已成为经济社会发展的重要手段和基础。

教育电子政务是电子政务在教育领域的推广和应用下的产物，作为教育信息化建设的重要组成部分，加强电子政务在教育领域（如教育行政部门和学校相关部门）的应用，对于实现教育管理现代化方面将发挥重要作用，不仅是现阶段教育行政部门和学校转变管理职能以适应现代化建设的重要方向，对于提升教育行政管理部门和学校职能部门的工作效率和质量、加强内涵建设及建立健全的教育管理体制方面同样意义深远。不仅如此，更是现代信息社会发展的内在要求，是推动实现国家信息化发展整体战略规划的必然选择。

我国教育电子政务伴随着教育信息化建设的深入和政务信息公开的要求而产生。教育部自 2001 年起开始规划和建设教育电子政务应用体系框架，并以高等教育管理为突破口，开启我国教育电子政务实际应用先河，在此基础上，教育部制订了相关电子政务建设方案，2004 年电子政务试点工程的启动，标志着我国教育电子政务建设的正式实施。高校的电子校务建设在这个大背景下应运而生，而教学管理信息化的建设和研究正是电子校务建设的核心系统之一，电子政务的相关理论对高校教学管理信息化研究也具有重要指导意义。

第二节　高校教学管理信息化建设目标

我国高校实施教学管理信息化建设是为了适应高等教育事业发展，实现高校教学管理高效、科学和规范，为新时期高校人才培养质量的提高提供保障。因此，将高校管理内容进行信息化梳理，对提高高校信息化管理水平、增强教育质量都具有重要意义。

一、突出教学管理信息化地位

教学管理信息化在学校教学管理各项事业中的重要突出地位，是衡量高校教学管理信息化建设目标的重要标志之一。

教学管理信息化的突出地位，意味着学校决策层在教学管理信息化建设中能够意识到将信息化作为提高教学管理水平，促进人才培养质量提高的重要工作来抓，一方面表现在从事教学管理信息化建设所需的政策、组织机构、配套管理制度等软环境，能够满足教学管理信息化建设需要；另一方面表现在进行教学管理信息化建设所需的财力、人力等物质保障条件，能够达到教学管理信息化建设过程要求。

二、优化教学管理信息系统运行效果

教学管理信息系统是教学管理信息化建设应用解决方案的核心，其运行效果是教学管理信息化建设最显著的表现。因此，教学管理信息系统运行效果优良是完善的教学管理信息化建设应该具有的最重要和最基本的特征。因此，教学管理信息系统运行效果应该具备以下要素：

从软件自身方面来讲，其技术实施方案先进，功能比较完善，用户界面友好，便于学习和使用，同时能够较好地适应学校的实际教学管理过程，完成学校教学管理工作中各项教学事务的处理；软件智能化程度高，能够高度减轻教职工完成教学事务处理的工作强度，使用效率高。

从组织机构方面来看，学校的信息化组织架构完善，级别层次高，校领导担任信息化组织机构负责人，设有专门办事机构。从机制上保障对教学管理信息化建设进行长期规划和指导，为教学管理信息系统在学校教学管理中的广泛应用提供强有力的支撑。

从配套制度方面来看，学校教学管理信息化建设的相关配套制度制定比较完善，为教学管理信息化实施的规范、透明、公正奠定基础。完善的教学管理信息化相关配套制度，既可以规范和约束教学管理信息系统的正确使用，保证教学运行数据的真实有效，又可以促进教学管理服务的各种办事流程建章立制，便于相关教学管理服务信息的对外发布和接受监督，保证教学管理信息系统长期规范使用的连续性和透明性[①]。

三、教职工适应信息化工作环境

广大教职工是教学管理信息化建设的主体和最终受益者，他们对信息化工作环境的良好适应，也是高校教学管理信息化建设取得良好成效的重要体现。教职工具备良好的信息化工作环境适应能力表现在：①具备较高的信息技术应用水平，能够熟悉使用现代信息技术从事教学活动，熟练应用教学管理信息系统完成

---

① 翟大昆. 大数据背景下高校信息化教学模式构建研究 [J]. 计算机产品与流通，2020（11）：120+142.

各项教学管理服务事项的办理；②具备良好的信息素养，具有主动使用现代信息技术从事教学和完成教学管理服务事项办理的意识，并愿意接受教学管理信息系统使用带来的高效、便利。

完善的信息化服务是高校教学管理信息化建设取得良好成效的高层次要求。高层次的教学管理信息化建设不仅意味着只着眼于解决教学管理中的各种问题，实现各项管理职能，减轻教职工从事教学管理工作的劳动强度，还应该满足广大师生对各种信息化教学服务的需求，助推教师教学能力的提升和学生的成长成才，促进教学管理部门的职能从侧重管理转变为侧重服务。

第三节　国外高校教学管理信息化建设经验启示

以计算机和网络技术为代表的现代信息技术，在国外发达国家的众多行业都得到了高水平的应用和发展，这些国家高校对现代信息技术在教学方面的应用和研究起步较早。长期以来，国外发达国家的高校一直致力于探索教学信息化建设，并取得了较高水平和成功经验。对于发达国家的高校教学管理信息化建设高度融合于教学信息化建设的研究，对我国高校教学管理信息化建设具有重要的启发意义。

一、重视高校教育信息化理论研究

教育信息化问题最早见于1993年美国政策"国家信息基础设施"报告，并在信息通信技术快速发展和广泛应用过程中，逐渐发展成为美国教育改革的基本方向和突破点。时至今日，在信息技术影响下，教育信息化已经成为美国教育改革的一大重点。

日本也在早期重视教育信息化的理论研究。1999年，日本文部省向大学审议会提出有关"全球化时代高等教育的发展方向"问题，要求进一步实施高等教育改革，重点改革各大学的信息化教育。2001年后，日本各大学纷纷制定教学信息化战略；到2010年，日本大部分大学制定了教学信息化战略，标志着日本高校教育信息化理论研究和教学信息化建设进入一个飞速发展的时期。

二、重视高校教学信息资源建设

资源建设是高校信息化建设过程中的基础建设，是一切信息化行为开展的前提和保障。

美国高校教学信息资源建设主要集中在两个方面：①供教学过程中使用的各种信息技术工具和手段；②供学生使用的在线教学系统，如"学习/课程管理系统"（LMS/CMS）。

欧洲信息化教育强调基础资源配置，为了保障信息化资源均等，欧洲诸国政府做出了巨大努力，也取得巨大成就。目前，欧洲已经建立起完善的信息化资源共享平台，学生通过校园网注册进入系统，便可以快捷地获取教学资源。

日本各高校也重视教学信息资源建设问题，并把丰富的教学信息资源作为吸引优秀学生报考的重要对策。日本各高校教学信息资源的呈现形态各种各样：灵活的计算机辅助教学授课系统、方便的电子化教学提纲、基于互联网和智能手机的快捷的学业信息提供手段等。

三、加强高校教学信息化组织建设

美国高校的校园信息化建设，将管理、教学和科研等模块进行信息化处理，取得的成效与美国高校校园信息化建设统筹规划以及系统化的校园组织和校园管理密不可分。

在美国高校信息化建设过程中，首创专门机构——CIO（首席信息官或信息主管），负责学校管理和学校组织，使高校校园信息化建设有了正规体制保障，从而推动信息化建设得更好、更快。通常情况下，作为高级管理职位，美国高校中的 CIO 一般是由副校长级别的领导担任，职责范围主要包括教学信息化、管理信息化、校园语音和数据通信项目等。此机构的主要作用在于处理学校日常工作，并针对整个学校的信息技术发展情况制定长远的发展规划，并负责执行方案的监督。经过长期实践，美国高校 CIO 对于校园信息化建设的重要作用，表现在对美国高校信息化建设中的技术规划、管理和政策制定的指导。

四、加强高校信息化制度建设

信息化相关政策的制定，也是美国高校信息化建设的一个重要组成部分。从2002 年开始，美国高校已经将信息化相应配套政策的制定，作为学校教学信息化建设的重点。

日本高校将信息伦理道德教育融入教学信息化制度建设中。随着信息技术在日本高校教学信息化建设中的广泛应用，日本各高校充分意识到信息伦理道德教育对于规范从事教学信息化建设的重要性。

五、重视高校师生信息技能培训

实施教学信息化，离不开对教职工和学生信息技能的培训。美国高校针对教师、管理人员的计算机技能培训，在美国各级、各类高校以不同比例的规模开展。

新加坡，不仅社会经济发达，也是世界信息化程度最高的国家之一。新加坡的高校针对教师和管理人员，提供各种免费的信息技能培训，信息中心每隔一段时间都会在校园网上公布有关信息技能和不同软件使用的培训资讯，教职工通过上网注册，可以参加相应技能的学习。新加坡高校还通过各种途径，鼓励教职工参加信息技能培训。因此，该国高校教师普遍具有较高的信息技术应用水平，从而保证教职工参与教学信息化建设的能力[1]。

第四节　我国高校教学管理信息化建设促进对策

一、优化高校教学管理信息化支撑环境

高校教学管理信息化支撑环境，是合理利用一切有利于高校教学管理信息化发展的环境因素，为高校教学活动的开展提供全面的技术支撑与服务，以实现教学手段的多样化、教学资源的数字化、教学平台的网络化等。

（一）高校教学管理信息化支撑环境模型构建

1. 硬件环境

高校教学管理信息化支撑硬件环境主要指基础设施建设，表现为校园网建设、信息化教学环境、校园机房、个人信息化终端设备建设等方面，是高校教学管理信息化顺利开展的物质基础与前提。

---

① 姜蔺, 韩锡斌. 高校教师信息化教学能力培训迁移的分析框架 [J]. 中国电化教育, 2018, 000 (004): 17–25.

（1）校园网。校园网是建立在高校内部，为高校师生提供信息交流、资源共享、教学管理等服务的网络信息系统，是实现教学信息化的有效载体。校园网在改变传统的教学模式、教学方法与教学手段的同时，也促进了教育观念、教学思想的转变。

对学生而言，基于网络的校园网拥有丰富的学习资源、学习平台、学习信息等，为学生构建一个开放、高效、交互式的信息化学习环境。任何学生在任何时间、地点，均可利用校园网获取需要的信息与资源，自主构建新知识。在这个过程中，不仅提高了学生收集、甄别、分析信息的能力，还提升了他们的信息素养。

对教师而言，教师可以利用校园网上优质的教学资源，制定出符合学生需求、个性发展的教学内容，从而优化教学效果、提升教学质量。教师还可以利用校园网与学生进行学习沟通与反馈，及时且高效地捕捉学生学习动态，成为学生意义建构的帮助者、促进者，在教学中发挥作用。

对高校而言，校园网提供了便捷的教学管理功能。例如，基于网络的成绩管理、学籍管理、图书管理等。校园网的建设拉近了全球各高校之间的联系，实现了跨区域的资源共享与合作，扩大了教育规模，节省了教育成本，成为硬件环境的核心建设内容之一。

（2）信息化教学环境。信息化教学设备是高校教学管理信息化有效开展的物质基础，其拥有的种类与数量在一定范围内代表了一所高校的硬件设施能力，主要包括计算机、电子白板、录像机等设备。只有具备完善的信息化教学设备，教师才能高效地开展教学工作。信息化设备可以在具体的教学实践中发挥最大功能，形成信息化教学环境，也就是通常所说的多媒体教室、微格教室、虚拟实验室等。

信息化教学环境泛指一切与高校教学活动相关的信息化场所。一方面为教师提供便利、高效的授课环境，优化教学质量与教学过程；另一方面，为学生打造良好的信息化学习环境。

2. 软件环境

软件环境包括各种数字化教学资源与教学系统，是高校教学管理信息化建设的核心内容。

（1）数字化教学资源。数字化教学资源指经过数字化处理，可以在多媒体计算机及网络环境下运行的多媒体教学材料。按信息的呈现方式划分，数字化教学资源可分为数字化的幻灯、投影、音视频以及网上教学资源等。与传统的教学资源相比，数字化教学资源有处理技术数字化、处理方式多媒体化、信息传输网络化等特点。

数字化教学资源的有效利用，是每一位教育工作者应具备的基本能力，也是每一位教师信息素养的集中体现。学生可以利用数字化教学资源开展自主学习，以提升自身的专业能力与信息素养。因此，加强数字化教学资源管理与应用的最终目的是优化教学，促进师生共同发展。

（2）远程教育平台。网络技术的普及使得远程教育平台的应用成为现实，相关互联网软件的研发为网络教育的发展提供了助力。网络教学平台应该拥有数目庞大、种类众多的教学资源。教师可以依据实际情况，制订相应的教学目标与计划；利用网络教学素材、网络教学工具进行课件制作与编辑，同时发布课程；在该平台与学生进行信息交流与学习互动；该平台还为教师提供便捷的在线组卷、教学评估、课程管理等功能，教师能够自由制订授课计划、设计授课内容、把握授课进度，极大地提高了教师工作的灵活性。

对于学生来说，他们在明确自身需求的条件下，可以在任意时间与地点，开展网络课程的学习活动，合理利用网络教学平台的优秀资源，制订符合自身需求的最优学习计划；该平台还为学生提供在线答疑、作业提交、在线测评等功能，全面支撑学生学习活动的每一个环节，不仅提高了学生的专业能力与信息素养，也提高了他们自主探究的能力。

（3）教学管理系统。教学管理系统是面向教师、学生和管理者，结合教学实际需要构建的教学管理和综合服务支撑平台。对于管理者，可以利用系统进行学籍管理、师生档案管理、教室管理等；对于教师，可以利用系统发布最新的教学计划、查看学生档案；对于学生，可以利用系统及时获取最新的教学信息、网上选课、查看考试安排及成绩等。

在整个教学管理流程中，管理者、教师、学生共同参与教学管理系统的使用，通过该系统实现三者之间的有效沟通与协调，将不同种类的业务整合起来，实现教学管理的信息化、智能化、无纸化等，提高教学管理效率。

3. 高校教学管理信息化支撑潜在环境

潜在环境包括信息化教学人员与保障体系两个方面，涉及信息化教学人员、组织与机构、政策与制度、信息化培训、网络与信息安全、经费投入等。

（1）信息化教学人员。随着信息技术的普及，信息素养已经成为评价一个人综合实力的核心指标之一。开展教学信息化，培养高素质的信息化人才，已经成为教育改革的必然趋势。这一切的发展都要求建设一支优质且具备良好教育技术能力的师资队伍。

在教学信息化进程中，教师起主导作用，是实现教学信息化的关键。高校教师的教育理念、对信息技术的态度、教育技术能力等，都将对学生信息素养的发展产生潜移默化的作用。

在信息化教学环境下，教师应该具备良好的信息意识和教育技术能力。教育技术能力包括现代教育理念、信息素养以及教育技术应用研究能力，其中信息素养是核心。学生是教学信息化的主体，其信息素养能力将直接影响国家的国际竞争能力，因此，培养学生的信息素养十分必要。学生的信息素养主要指学生利用信息技术促进学习活动的能力，唯有具备良好的信息素养，才能高效地检索、甄别、分析、处理、应用资源。利用信息技术开展学习活动的过程，也有益于培养学生的探究意识、发散性思维以及创新精神。

（2）组织与机构。高校教学管理信息化的有序开展，需要完善的组织与机构为其奠定基础。组织与机构通过制定合理的管理体制，保障教学信息化的顺利开展。

（3）政策与制度。高校教学管理信息化建设需要契合实际需求的政策与制度保障，既需要国家宏观调控，实施积极地引导，又需要高校自身重视与积极响应；制定出切合实际的政策与制度，有利于促进基础设施、教学资源、教学人员等建设的稳步推进，让高校教学管理信息化建设有法可依、有据可循。

（4）信息化培训。随着素质教育的不断推进和发展，信息化网络时代的兴起，对教师的教学能力和教学方法有了更高要求。为了切实提高教师的教学能力，除了教师自身要自主学习，不断进步，学校还要定期为教师进行专业培训，全方位提升教师专业技能，帮助学生更好更快地学习和成长。

（5）网络与信息安全。校园网在高校的教学、科研、管理、信息交流等方面扮演着极为重要的角色，其信息安全状况将直接影响教学活动的开展以及高校教育信息化的进程。基于网络的开放性，每个人都可使用计算机连接网络，在享用便利的同时，各种网络与信息安全问题随之产生。影响高校网络与信息安全的问题除盗窃、雷电、火灾等环境因素，更多地是来自网络本身，既包括网络自身的弱点，也涉及管理方法和人为因素，以及来自外部的攻击。为了构建安全的高校网络与信息环境，高校必须建立起行之有效的信息化安全保障体系。

（6）经费投入。经费是教学信息化环境建设的必要因素之一，该建设涉及诸多方面，需要耗费巨大的人力、物力与财力。因此，只有加大资金投入，才能让建设落到实处。

（二）高校教学管理信息化支撑环境的优化策略

1. 高校教学管理信息化支撑硬件环境的优化策略

（1）成立相关机构，统一采购、维护、监管信息化设备。为保障信息化基础设施的有效建设，高校应该成立相关机构，严格监管信息化设备的采购、使用、维护与管理。当高校有购买信息化设备需求时，可向该机构提交申请；待核查落实后，根据该校的实际教学需求与经费条件进行筛选；审批通过后进行统一采购。统一规划、统一采购使高校教学管理信息化建设更具条理性与规划性，避免设备的重复购入、设备使用率低下、资金浪费等现象的发生。通过统一规划与采购，获得比单台购买便宜的价格与更好的售后服务，将有限的资金投入最迫切、最具效益的项目上，避免资金的浪费与设备的盲目购买。

机构还应该建有专业的维修部门，对信息化设备的使用情况进行监管，以确保设备的使用效果、使用寿命等。在信息化设备出现问题时，在向相关维修部门进行报修后，派出专业维修人员对其设备进行维护，加快维修响应速度。相关维修部门也应该对设备进行定期检查与保养，有效预防故障的发生与延长设备的使用寿命。高校需要成立相关机构，集中采购、维护、监管信息化设备，还需要完善各种信息化设备使用、维护、监管等保障制度，建立科学的评价与反馈机制等，以促进高校信息化基础设施的建设水平[①]。

（2）建设多媒体教室的远程监控系统。我国很多高校虽然已经建成相当数量的多媒体教室，但是由于教室数量庞大且分散，难以集中管理与监控，造成维修响应速度低下、维护困难等现象。因此，高校应该建设多媒体教室的远程监管系统，实现实时监管、远程听课、教学录制等功能。

---

① 马星，王楠 . 基于大数据的高校教学质量评价体系构建 [J]. 清华大学教育研究，2018，39（2）：
38–43.

2. 高校教学管理信息化支撑软件环境的优化策略

（1）构建统一应用平台，提高资源共享程度。高校内部各个院系、部门之间都建有应用平台，由于平台的建设时间、搭建技术、数字格式、模块接口、应用环境等不统一，难以实现信息流通与资源共享。因此，必须搭建统一的应用平台，在提升资源利用率的同时，扩大共享程度与范围。高校可以需求为导向，搭建统一的资源应用平台，通过网络将优质的数字化教学资源上传到资源中心数据库，资源按照"院系—专业—课程"目录进行统一管理，以提高资源的共享程度。此外，共享不应该局限于高校内部，而是应该扩大到各大高校之间、高校与企业之间、国内高校与国际高校之间，按照多方合作、优势互补、互利互赢的原则，建立统一的教学资源中心，实施教学资源的"共知、共建、共享"。

（2）统一规范与标准，整合数字化教学资源。高校应建立起统一的规范与标准，将资源整合并集中管理，从而扩大资源共享程度与范围。只有按照统一标准与规范建立起的数字化教学资源，才能实现教学资源在开发者、用户以及计算机三者之间畅通无阻地交流与交换；才能实现跨平台的数据共享。所以，高校应该制定统一的数字化教学资源建设规范与标准，定期组织教师、技术人员进行学习，以提高资源制作的规范性、实用性与共享性。构建统一的数字化教学资源库，将分散、孤立的教学资源集中起来进行统一储存与管理，以满足多方面的教学需求。

（3）教师与技术人员共同协作，提高教学资源质量。高校教师应与专业技术人员共同协作，组成课程建设团队，共同设计、研发出高质量的数字化教学资源。课程建设团队需要明确目标、统筹规划、科学分工。各学科教师拥有丰富的实际教学经验，熟悉教学重难点，了解学生在学习过程中可能出现的问题，可以负责教学内容、教学过程等方面的设计。技术人员则凭借专业能力，负责数字化教学资源的制作工作，通过信息技术实现教师的教学设计。

课程建设团队在自主研发数字化教学资源时，应该注重针对性与实用性，根据具体的教学内容、学习者的特点等方面，确定数字化资源的媒体表征形式，然后进行教学资源设计、开发与运行，在反复修改、调试后，将最终的教学资源发布到相应的网络教学平台上。课程建设团队还可以利用网络收集与教学内容密切相关的各类优质资源，在尊重其知识产权的基础上，根据教学实际，对其进行修改、加工，实现数字化教学资源的本土化。

课程建设团队需要注重信息技术与各个学科之间的深度整合，开发出具有实用性、针对性、多样性与交互性，并且能够反映教学目标、教学重难点的优质教学资源。课程建设团队要及时更新、购买教学资源，时刻关注相关领域的最新动态与信息，做到与时俱进。

3. 高校教学管理信息化支撑潜在环境的优化策略

（1）健全信息化专业人才引进、培养机制。高校只有维持相当规模的专职人员数量，才能为教学信息化的开展和运维提供专门服务，才能保证教学信息化的有序实施。高校在大量聘请专业能力高、综合能力强的信息化专职人员的同时，应该不断完善人才引进与培养机制；建立良好的信息化专职人员培训管理制度与培训机制，不断扩大信息技术考核对象规模，有阶段、有计划地推动专职人员的引进与培养。

（2）营造良好的信息化校园氛围，提高师生信息化意识。高校要努力营造良好的信息化校园氛围，有利于提升学生利用信息技术开展学习活动的意识、有利于提升教师开展信息化教学活动的意识，有利于推进教学信息化进程。高校可以面向学生开展与教学信息化相关的各类学术讲座、报告、公选课；在校园内张贴教学信息化宣传海报。针对教师开展信息技术与课程整合的讲课比赛、课件制作大赛、信息化培训等活动。通过打造良好的信息化校园氛围，在潜移默化中提升全校师生的信息化学习意识与信息技术水平。

（3）积极利用网络教学平台，创新信息化培训内容与形式。培训内容应该满足教学与科研需要，注重如何将理论知识应用于教学实践中，以提高教学效果为目的，根据各学科教师的学习意愿、各学科的特殊性，制定不同的培训内容，注重培训内容的实用性与针对性；还可以"问题"为导向，开展培训，将培训过程视为教师自身查漏补缺的过程，按照"查找不足—分析原因—设计方案—学习行动—检查评估"的流程进行，通过培训不断完善自身的教学能力。采用这种方式更易于提升教师的参与度与积极性。

（4）建立健全评价、激励机制，充分调动教师的积极性。高校应该采取灵活多样的评价方式，根据各个高校的实际需求，制定一套与教学信息化相匹配、全新的教学评价体系。高校通过信息化教学能力与个人教学评估相挂钩、信息化教学质量与院系评优相挂钩、信息化教学能力与职称评聘相挂钩等方式，调动教师积极性。高校还可以通过制定多种形式的激励机制，提高教师与学生的信息化热情；结合教师与学生的心理需求，采取物质激励与精神激励相结合的方式；注重激励的适度性与及时性。

（5）加强全校师生信息安全教育与技能培训。采取信息安全教育与技能培训方式，提升全校师生的信息安全意识。一方面，定期组织、开展信息安全法律法规的学习活动，普及信息安全知识，提升信息安全意识；另一方面，定期邀请专业人员为全校师生开展信息安全技术培训，由专业人员教授师生基本的安全防御技能。

（6）优化资金结构，合理划分经费用途。高校领导在投入大量经费进行信息化建设的同时，应该优化资金结构，合理划分经费用途。高校领导在进行决策时，应该根据高校的实际情况，合理分配资金结构，做到建设与应用两手抓：一方面，逐步完善基础设施建设，进一步优化信息化教学环境；另一方面，增加教学应用相关投资，促进教学资源、平台的建设与优化，完善信息化培训内容与制度。高校还可以多种方式筹集资金，或是利用校内物力、人力资源接洽校外业务，积极创收，从而扩充高校教学管理信息化建设经费。

二、发展高校教师信息化教学能力

教师是课堂内容的传达者，是课堂节奏的把控者，是学生精神世界构建的灵魂工程师。提高教师教学的信息化水平不仅可以提升教师的核心竞争力，还可以提高学校的品牌知名度。教学信息化能力的提升是一项国家政策，从微观上来看，教学信息化的实现需要教师主动提升能力。同时，高校管理信息化建设是为了适应现代化教育方向而做出的重要调整，需要经历一个从无到有、最终实现体制化的过程。就现阶段而言，信息化教学正处于从被动接受到主动学习的过渡期，依赖于国家、学校和教师的共同努力和推动。

（一）发掘激活高校各级个体的潜在需求

信息化教学拥有一个良好的外部环境和外在动力，也就是社会信息化的存在及其发展。要把外在动力转化为内在动力，需要激发各级个体的潜在需求，实现隐性需求向显性需求的转变，还需要借助机制及体制的规范，让信息化教学模式得以推广。

通常情况下，教师提升信息化教学能力的渠道往往是学校，主要途径在于学校的有效培训。但在社会信息化起步阶段，社会信息化的程度直接影响教师感知信息化教学能力的程度。因此，在学校开展针对提升教师信息化教学能力的培训，首要的是扩大教师对信息化教学的认知，让教师对信息化教学产生潜在需求，而这种需求往往不易被意识到，但却是高校提升信息化教学能力的关键环节。

（二）完善高校信息化教学机制

高校教师信息化教学能力的全面提升，与高校的信息化教学机制的完善程度之间存在密不可分的内在联系。若要提升教师的信息化教学能力，高校需要做好信息化教学分享、培训等工作，并建立健全考核机制及科学教学评价体系。

1. 信息化教学分享机制

信息化教学是借助信息通信技术解决教学问题，并实现两者有机结合的综合过程。信息化教学能力是在这个过程中形成一种复杂的、只可意会不可言传的综合性能力。

高校教师信息化教学发展过程中非常重要的一部分，是不同经验的教师之间的经验交流和分享。在这个互动性极强的过程中，教师开放共享的交流氛围，不仅可以让教师发现信息化教学中的问题和自身信息化教学能力的不足，找到解决相关问题的不同方案，还可以激发学生的创新精神，提升教学水平。此外，更为重要的是，经验分享过程可以强化教师头脑中关于教学目标和教学方法的认识，通过互相交流和分享，提高教师的创新和科研能力，通过改进教学方法、调整教学模式等，提高自身信息化教学能力及课堂教学水平。

2. 信息化教学培训机制

高校信息化教学能力培训，主要分为岗前信息化教学培训、校本信息化教学培训和校外信息化教学培训三个方面。以前两项为主，是由高校免费为教师组织的教学培训；后一项为辅，通常是由营利机构有偿组织的教学培训。从效果上来看，高校信息化教学能力的培训时间自由、成本可控、效果显著，得到广泛认可。

当前，高校教师的聘用普遍存在重科研能力、轻信息化教学能力的问题，在这种聘用环境下，通过岗前信息化培训和系统的校本培训，是提升教师信息化教学能力的主要途径。所谓岗前信息化培训，是教师在正式受聘上岗之前进行的信息化教学培训，是教师接触、理解和有效运用信息化教学手段的起始阶段，对于新入职的教师进行岗前培训，可以让教师更好、更快地适应信息化教学模式；系统的校本培训则是以全体教师为对象，针对信息化教学模式与信息化教学技能进行培训，意味着教师开始将目光倾向于信息化教学，旨在通过系统的校本培训，提升其自身的信息化教学能力、学习和实践能力。

3. 信息化教学考核机制

从现阶段来讲，信息化教学水平考核尚未在教师教学评价考核体系中得到普及，但信息化已经成为衡量高校综合竞争力的重要标准之一。因此，加强信息化教学考核机制的建立，不仅是提升高校品牌内涵的重要内容，更会对教学能力的整体提高有很大的促进作用。具体来说，加强高校信息化教学考核，可以从以下两方面入手：

第一，针对提升信息化教学水平和能力的培训，设置阶段性或一次性考核。

第二，针对教师的常规考核，将信息化教学能力作为教师评级或履职的考核标准之一。

除了借助考核机制作用，使教师提升信息化教学能力之外，激励机制同样可以发挥重要作用。所谓激励机制，其本质是教师教学之间的良性竞争，通过这种"竞争"关系的确立，推动教师信息化教学发展。

（三）建立健全高校信息化教学管理体制

信息化教学的目的是让知识在人与人之间得到有效传播，传播途径主要依赖机器与设备的辅助。信息化教学管理制度是实现信息化管理的重要保障，可以有效提升人才、软硬件、信息资源的利用率，而建立健全的信息化管理制度已成为高校管理首先要应对的挑战。

1. 硬件及软件的管理体制

信息化教学得以正常推广的有效手段之一，是拥有相配套的硬件及软件设施。健全完备的基础设施不仅是信息化教学的有效保障，更决定了信息化教学的发展水平。在进行软件及硬件配套设施采购时，要综合考量现有设备的种类和结构并理智分析，制订出科学合理的采购计划。同时，在软件及硬件管理体制上，要建立完善的后期维护、淘汰机制、日常管理机制等，尤其是在日常管理方面，既要符合教师使用需求，又要对其开展使用、维护、管理日志等培训。

2. 信息化教学资源管理体制

信息化教学资源指在信息技术环境下的各种数字化素材、课件，数字化教学材料、网络课程，以及各种认知、情感和交流工具，其主要来源或是由教师亲手制作，或是通过各种渠道购买、收集，或是通过加工他人的教学资源。信息化教学资源是信息化教学的基础，优化信息化教学资源结构，有利于推动教育信息化有效性的实现。

提升高校教师信息化教学资源管理能力，对于提升高校的核心竞争力是十分必要的。尤其是现阶段，在高校教师花费大量时间和精力用于获取新的信息技术，并将其运用于课件设计和教学模式调整的大背景下，高校组建一支信息化、高素质、专业化的人才队伍，用于开发和管理信息化教学资源显得更为重要。这是因为不同的教师在理解能力、开发能力、教学任务、学术科研等方面存在明显差异，不同专业的教师在信息化教学资源开发过程中的难易程度也受到专业限制，严重影响了信息化教学资源开发的可持续性。

3. 信息化教学人才管理体制

信息化教学管理的核心还是教育，其本质终究是教师的"教"与学生的"学"。因此，高校推动信息化教学的工作重点，在于信息化人才培养体系的建立与完善方面，主要从内、外两个角度进行尝试。

对内，要对教师专业的信息化技术掌握和运用程度进行定期考核。

对外，要引进大量信息化教育专业人才，并对不同实际情况的教师进行信息化教学分层培训，充分开发不同教师的信息化教学潜能，提升教师信息化教学管理的标准化、流程化。

（四）构建针对性信息化教学培训体系

为了增强培训效果，满足更多潜在需求，高校可借鉴营销学的市场细分理论，进一步完善培训体系。下面主要从对象、需求、层次三个方面探索培训体系的构建。

1. 培训对象

在教师培训过程中，信息化培训是一个重要环节，并且已经过一段时期的发展，具有一定的实践经验。教师群体本身由于教学学校、专业、职称、教龄的不同，所以具有很大的差异性。为了提高培训的针对性和有效性，建议对教师按类型和标准区分成不同的培训小组，展开具体培训。

第一，根据学科分类培训。由于信息化教学培训中，同一学科教师的需求具有同一性，因此，可以作为最主要的区分标准。

第二，根据职称分类培训。不同学科的教师之间，处于同一职称的教师也存在共性需求。因此，可以作为第二个分类标准，有利于跨专业交流学习。

第三，根据教龄分类培训。不同教龄的教师在教育心态、教育成熟度、教育关注度上具有相似性，因此，可以根据教龄整合培训需求，促进教师交流。

在不同的分类下，又可以进行交叉培训，形成有机开放的信息化培训教学体系。

2. 培训需求

针对教师的信息化培训，立足于实践，具有很强的现实关照性。这里是指培训立足于教师教学实际中遇到的问题。在实际教学过程中，信息化教学问题具有具体性和复杂性，不能一概而论，需要抽象把握。因此，需要在培训前对培训对象的实际需求进行科学收集、调查、整理和系统分析，根据需求整理并形成培训内容，分类培训，分层次、系统化地开展信息化培训。

3. 培训层次

就技术的操作程度而言，可以将信息化培训分为以下阶段：

第一阶段：对学校的信息化系统和设备有初步了解，对信息化教学有初步概念。

第二阶段：能够在初步了解基础上，对常规信息化设备的基本功能进行操作。比如，在课堂上能够完成幻灯片的播放和展示。

第三阶段：对于信息化教学的相关设备和知识有较为系统地了解，能够完成基本操作，实现从传统教学内容到信息化教学的转化。

第四阶段：拥有关于信息化设备的系统性理论知识，在熟练操作的基础上掌握主动权，实现对信息化教学设备的二次开发和升级创新。

上述四个阶段基本包括目前我国教师在信息化教学过程中的不同水平以及相对应的需求，可以此为基础区分培训层次。

三、深化高校课堂信息化教学改革

在开展教学过程中，课堂是最主要的活动场所，80% 以上的教学任务都是以课堂教学的形式完成。随着时代变革和信息技术发展，以及教育改革的召唤，对传统教学模式中存在的问题应该进行集中反思。目前，一个重要的问题是如何利用信息技术促进课堂教育改革，突破课堂教学的时空局限性，整合线上线下的教育资源，营造多元创新的现代化教学空间与环境。同时，在教育改革的顶层设计中，还可以纳入数字化资源，搭建网上教育资源的共享平台和远程教育网络等。

（一）优化整合数字化教育资源

信息化时代，在线教育资源的整合和利用程度是衡量学校的教育改革是否有效开展的一个重要标准。尤其是大数据时代，全球的教育资源都在数字化的趋势下发展和创新，市场上各种类型的数字化教育商品也逐步被开发和利用。在此基础上，学校教育不能滞后于社会发展，而是应该反过来对数字化教育资源起到引导和规范作用。

第一，在顶层设计中纳入对数字化教育资源的合理规划。我国现阶段的数字化教育资源呈现的主要趋势是以市场为导向，具有一定的盲目性和无序性。因此，相关教育部门和高校需要在对教育改革的顶层设计中形成对数字化教育资源自上而下的引导和规范。一方面，对社会市场中现有的数字化教育资源形成有效的监督和管理；另一方面，以高校为主要场所，为数字化教育资源营造良好的发展环境。

第二，对数字化教育资源进行合理化整合。面对现有的数字化教育资源的无政府盲目生长状态，相关部门和高校应该对数字化教育资源实现合理化整合。首先，建立一个分类体系，如按照学科、年级、教材体系等，建立数字化教育资源分类系统，再依据我国相关标准和规范进行监督和管理。

第三，为数字化教育资源的发展营造广阔空间。教育资源的数字化，从长远发展看，利国利民，意义重大。数字化教育资源可以突破时间和空间的限制，实现教育资源的长久保存和快速传播、自我生长。因此，应该整合国家、社会和高校资源，为数字化教育资源的发展营造空间。一方面需要进行硬件和软件设备的建设工作，搭建高校的数字化网络平台；另一方面需要打破学科壁垒，实现数字化教育资源面向全社会的共享性，由此吸引更多的资源进入，实现数字化教育系统的自我生长。

第四，鼓励共享机制。通过建立常规化的激励机制，形成对共享行为的激励。一方面，对上传分享教育资源行为进行激励；另一方面，对利用在线教育资源开展教学工作的教师和学员进行激励。由此形成在线教育网络平台的资源流动，促进教育资源的整合和发展。

（二）构建深度融合的教学模式

学校的教育教学模式在大数据和信息技术高度发展的时代，呈现出从传统到现代的转型。在此基础上，教学模式需要对线下教育和线上教育进行整合，建构深度融合的模式，具体包括以下三点：

1. 课前备课阶段

传统的课前预习可以概括为教师备课—学生预习。在这个阶段，教师依据对学生的了解和个人经验进行备课。但是，在信息爆炸时代，传统的备课方式已不能满足高校课堂教学的需求，教师的备课方式需要另辟蹊径，而协同式网络备课应运而生。

协同式网络备课指通过协同效应，将隐性的教学资源以整体和个体间有机协作的方式开发出来，从而使教学效果非线性延长。这种备课方式集众人智慧，采众家之长，充分显示了集体备课的效益，使教学富有创新性，产生"1+1 > 2"的效果。一般而言，教师利用协同式网络备课的内容包含以下六个方面：

第一，准备课前预习资料，除了传统教学内容以外，还包括自制的远程教育课程内容。

第二，通过信息平台将慕课内容共享。

第三，通过远程平台监督学生的预习进度。

第四，在线解答学生的疑惑。

第五，根据课堂交流内容，改善教学方式与授课内容。

第六，布置预习作业，让学生将个人成果上传到共享平台。

2. 课中教学阶段

在传统教学中，多是以教师为主体开展的灌输式学习活动，师生之间常缺乏沟通。在大数据时代，新型的教学活动应该以教师和学生的双主体模式开展，尤其要凸显学生的主动性学习行为。

（1）在课堂上，学生以学习小组的形式，在开始上课前向教师集中反馈课前预习的学习成果和遇到的问题，教师可由此形成针对性教学。

（2）教师在课堂上需要借助多媒体设备创造特定的情境，合理呈现教学内容。

（3）借助信息化设备，形成对教师教学过程和学生学习过程的实时记录。一方面，学生可以在课后反复学习；另一方面，教师可以及时掌握教学过程中自己的表现和学生的反馈及动态，以便不断更新。

（4）教师在完成课堂教学内容后，可以借助移动设备给学生提出新的学习任务，并引导学生进行探究式学习。

（5）在线课堂测试。教师可以利用移动设备，让学生完成在线的随堂测试，之后借助智能评价分析系统，及时、公正和客观地进行评价。

（6）测评系统可以帮助教师形成对班级学生情况的整体分析和反馈，及时检测教学的有效性。

3. 课后辅导阶段

利用在线教育资源为学生提供课后辅导。一方面，通过对课堂教学内容的数字化保存，学生可以有针对性地重新学习；另一方面，对于作业中的疑难点，可以在线寻求各类资源帮助。除此之外，教师可以通过智能系统及时收集学生的课后作业，并通过智能化的评分和分析，整理下一阶段的教学任务和内容。

（三）重塑学生的学习观与学习方式

信息科学技术对教育方式的影响，不仅是作为教育工具发挥作用，也会对教育参与者，包括教师、学生和其他主体的观念和行为产生影响，甚至重塑，也将对教师的教学和学生的学习过程形成一系列重大挑战以及更高要求。对此，需要做到以下三点：

第一，加强批判性思维的学习和训练。信息化时代中，海量的信息会以无差别的方式呈现在学生面前。这些信息一方面是碎片化的，另一方面是未经筛选的，可能存在错误的价值观和危险的、未加思考的煽动性言论，或是无用、庸俗的垃圾信息和消极负面的信息。对此，学生应该做的是培养逻辑思维和批判性思维，在接受一个信息或者观点、结论之前，首先对其进行批判性分析，包括证据的合理性和充分性、论证的有效性，以及信息传播可能造成的正面和负面效应等。

第二，提倡深度学习。在碎片化时代，受信息去中心化、娱乐化的影响，学生对信息的认识与理解往往只停留在表层。面对信息时代的海量信息，学生要加强深度学习的能力，用工匠精神引领自我，从而实现自我超越。工匠精神是踏实专注、认真做事的心理状态，这种状态能保证学习者将有效的时间和充沛的精力凝聚到所做的事情上来，并最大限度地发挥自身拥有的积极性、主动性以及创造性。作为网络时代的学习者，学生理应充分发挥工匠精神，学会独立思考，用深度学习需要的专注和坚持，去填补碎片化时代所带来的短板。

第三，化被动学习为主动学习。在多媒体时代，每一个主体都有发言权，都可以获得信息并利用媒介表达自己的观点。在教育改革中，这无疑为凸显学生的主体地位和激发其学习的主动性、能动性提供了平台和空间。

数据化时代，学校教育在传递学习知识的同时，具有更重要的任务，就是帮助学生在新的时代变革中形成足以立身发展的学习观，在漫长的人生中养成终身学习的行为方式和思维方式，成为能够自我保持、自我成长的一代。

（四）提升教师队伍的信息素养

在科技发展的新时代，不仅学生将面临巨大挑战，教师也同样面临巨大的挑战，新时代的教育变革对教师的教学素养和能力、知识结构等提出了全新的挑战和要求——TPACK 是这种新要求的核心概念。

TPACK 指信息技术与教学方法、学科知识内容的有效整合。具体而言，需要做到以下三点：

第一，教师要提高思想境界和水平，尊重学生，关注学生的需求和成长，激发课堂教学活动的生命力。

第二，教师要主动学习和掌握现代信息技术，学会收集和整理教学资源，借助多媒体工具设备和在线教育资源提升个人的教学质量。

第三，教师要借助智能信息评价系统，形成对学生学习质量的反思，进而不断成长。

（五）建立和谐共生的师生关系

教师和学生的关系在大数据时代需要有新的调整和应对。事实上，现代的在线教育资源和媒体设备，一方面可以成为教师和学生之间的交流介质，扩展他们的交流时间和空间；另一方面，会使师生之间的关系被疏远，从直接的面对面沟通变成对信息设备的依赖。因此，在新时代背景下建立良好的师生关系具有空前的意义和重要性，尤其需要加强师生之间的沟通和交流。一方面需要重视学生的需求和观点表达；另一方面需要注重教师的需求和观点表达。在师生沟通中，教师应该因材施教，针对不同的学生采取不同的沟通方式和沟通内容，鼓励学生勇敢表达自己，培养学生的学习积极性和表达欲，在合作、探究、共享的原则下，建立新型的师生关系。

综上，在新的信息科技时代，传统的师生关系应该积极应对机遇和挑战，从而形成和谐共生的发展趋势。

第三章　高校学生管理及其信息化建设研究

在大数据时代，高校学生教育管理工作面临新的挑战。高校学生教育管理工作要进行创新，就要将单一的学生教育管理工作模式转向多元化，充分发挥大学生的主体地位，满足当前社会发展需要。本章分别论述高校学生管理工作及其信息化重构、信息化发展对高校学生管理的影响、信息化背景下高校学生管理创新思路、信息化背景下高校学生管理创新方法。

第一节　高校学生管理工作及其信息化重构

一、高校学生管理工作发展概况

（一）高校学生管理内涵阐释

高校学生管理是高校管理工作中不可或缺的组成部分，指在特定的思想理论指导下，高校经过长期实践并逐步形成开展各项学生工作的操作方法和思维模式。学生管理工作是一项全面的系统工程，主要以学生思想政治教育为主导、以学生学习培养为核心、以学生学风班风建设为重点、以党建工作为主线，带动各项工作发展，包含学生思想政治教育、规范学生的日常行为、日常学习、生活扶贫解困、心理咨询、就业指导等方面。

在高校学生管理过程中，要坚持学生的主体地位，充分尊重学生，让学生在强烈的信任感和好奇心的基础上，更好地进行学习和发展。要了解学生的想法，掌握学生的个性，通晓学生的情感，不断发现学生身上的潜力与优点，按照学生个性因材施教，培养出具有创新精神的新时代大学生；学生管理工作的开展，还要充分发挥学生的主观能动性，努力促进学生实现自我管理和相互学习，最大限度地发挥学生的自我管理积极性。

以生为本，要求高校学生管理工作者真正做到尊重每一个学生，不因学生的个性差异而区别对待；关注每一位学生学习、生活中遇到的困难；关注学生的心理，尊重学生思想理念的差异，认真对待每一位学生提出的建议，从根本上解决学生无论是生活还是心理上的实际困难。这些都需要建立和完善高校学生管理体系，更新学生管理理念，创造一个良好的校园氛围，提供由学生自我管理和自我教育的平台。需要强调的是，尊重学生并不是任由学生自我发展，对于学生在校期间的违法违纪行为，仍要及时对学生错误的言行举止进行批评、教育并纠正。

对于大学生，高校要从思想上关心他们，使大学生能够有坚定的政治立场，能在思想上和党中央保持高度一致，坚定永远跟党走的决心和信心；从学习上关心他们，让大学生通过思想引导和专业教育，在合乎个人兴趣爱好的基础上，制定明确的发展规划和方向目标。从生活关心层面来讲，高校要重视良性的校园文化氛围对大学生生活、学习和成长等方面的重要影响力，致力于打造温馨和谐的校园氛围，落实国家针对大学生的各种优惠政策，让他们感受到国家的重视和校园的温暖。与此同时，还应引导大学生提升自己的精神素养，用丰富的理论知识武装自己的大脑，在生活中完善自己。因此，大学生管理工作者要制定适合学生心理状态和兴趣爱好的管理计划，夯实大学生个性全面发展的基础。

高校要坚持从学生中来到学生中去的管理理念和思想，并将这种理念思想落实到管理的每一个细节，使学生管理真正服务于学生。管理不仅是服务，也在培育人才，因此对高校学生管理者提出了新的要求，要求尊重个体差异，激发大学生的创造力，为大学生构建良好的校园文化平台，创建良好的学习氛围，从大学生的实际生活、学习需求出发，关心他们生活学习的各个方面，并将所有的管理措施落到实处，切实服务于学生，为学生办实事，提供更多生活和学习方面的帮助 [1]。

高校学生管理工作应坚持以学生为本，从管理艺术的角度出发，逐步建立起公平公正的竞争环境，注意管理的方式方法，让大学生与学校管理者之间建立相

---

① 王新峰，盛馨.信息化思维下的高校学生管理[M].长春：吉林文史出版社，2016.

互平等的良好关系。大学生的健康成长和发展离不开管理者的正确引导和鼓励，各学院要加强学生的全方位管理与素质教育工作，发挥学生民主，让学生自觉自愿参与学校规定的各项工作；激发学生的创造力，提高学生的积极性；赋予学生强大的责任感，促使学生德智体美全方位发展，成为国家和社会所需要的高素质全面人才。所有这些工作目标都是高校学生管理工作内涵的具体体现。

（二）高校学生管理的工作特性

高校管理层的行政工作应与高校学生的特点与需求相适应，将管理工作与不同学生的特征相契合。当代大学的思想多元化特征明显，每个人都有极强的个性，也对未来充满迷茫，容易在面临人生选择时走向极端。因此，学校必须担负起责任，引导学生走向正确的人生道路，而仅凭教师的引导难以为继，必须通过一套人性化、个性化的制度，引导学生走向正途。

高校工作是一项专业性非常强的工作，从管理到服务，从教学到授课，每一个环节都充满专业色彩。因此，必须有专业人才担任高效管理服务工作。在管理过程中，更要以动态的视角看待每一个大学生的行为动向，对偏离轨道的行为，在第一时间予以纠正。

高校管理工作最后都要落到实践中，随着时代发展，理论需要根据实践不停进步，也是对高效管理实践性提出了更高要求。由此可见，高校必须不断更新管理方式，革除落后的管理方式，以便更好地适应不同时代的管理需要。

（三）高校学生管理的理论依据

1. 人本管理理论

所谓人本管理，是以人为本的管理方式。这种管理模式将"人"作为管理工作的出发点，作为管理活动制定的唯一依据。事实上，早在 20 世纪 30 年代，西方企业管理人员已经按照该理论，根据员工的个人爱好等，为他们量身制定工作内容。这一工作模式不仅能满足员工的经济需要，还能满足员工的发展需要。

就实践角度而言，高校的人本管理在某种程度上是对以学生为本的管理。学生不同于员工，各方面都还不够成熟，对学生的管理不可避免地应采取更加强硬的手段，一方面是为了学生能够快速适应学校生活，另一方面是为了使管理的效率有所提升。需要注意的是，以人为本的学校管理方式不仅强调硬性规定，还强调发挥每个学生的兴趣，不但包括学术兴趣，还包括课余兴趣。

2. 目标管理理论

所谓目标管理，即通过设定目标，再以实现目标为根本目的管理工作。通过设置激励手段，激发学生实现其目标的兴趣与动力，充分引导学生发挥自身创造性，让目标导向成为管理整体与被管理群体的共识。

21世纪以来，高校管理体制不断革新，校园管理者也不断面临新的挑战。社会制度的变革，如分配制度的取消，对学校管理工作提出了巨大挑战。除此之外，新世纪的科技手段，如移动网络的普及，也使高校管理手段和效果发生翻天覆地的变化。网络的出现，让每个管理者与被管理者都处于一线现场，每个部门的权责在互联网世界变得空前透明。因此，如何利用互联网将管理目标变为群体目标，是每个高校管理者必须考虑的问题。

3. 过程型激励理论

现代管理理论已经从结果导向管理发展到过程导向管理。具体而言，是使被管理者在管理过程中得到满足感与获得感。根据过程管理的理论内容，被管理对象的行动动力在很大程度上取决于这种行为所导致的结果对其的吸引力，以及被管理者对这一过程获得感的判断。如果结果极具吸引力，且实现可能性较大，被管理者会有更强的行动动力。

从某种程度上说，互联网技术让学校的每一个人都成为管理者，与之相应的是，集体的管理目标也成为每位学生的个体目标。于是，整体目标实现过程的可能性、结果好坏，影响每一个个体的实践选择。

二、高校学生管理工作的信息化重构

（一）高校学生管理工作信息化重构原则

第一，顶层设计原则。高校管理层必须首先做好顶层的资源分配，让人、财、物能够物尽其用。在此基础上，从整体性出发，考虑整体目标与分项目标的关系，由此构成由上而下的一整套管理体系。

第二，系统性原则。高校管理工作既然是一个系统，不可能一蹴而就，且高校并非一个静态的整体，而是一个动态的整体。因此，要实现对每一个过程和环节的把控，必须一步一个脚印，兼顾现实性、短期性和长期性，不能操之过急。

第三，机密性原则。高校管理的对象是学生，为了使管理达到更好的状态，了解每个学生的必要信息是合理的，也意味着高校需要承担起保护学生信息安全性的责任，要实现这一点，可以通过先进的技术手段，如区块链技术，保障学生信息安全。

第四，信息流动性原则。早期，受限于技术原因，高校内部信息沟通始终不能做到完全畅通，各个部门之间的协调也不到位。对此，高校管理者必须提升自身信息技术管理水平，让信息资源最大限度地实现共享。

第五，开放性原则。在互联网社会，信息数量空前爆炸，信息来源复杂，信息实时性越来越突出。对此，高校必须搭建具有良好兼容性的信息平台，实时掌控各类信息。

（二）学生管理信息化平台构建

1. 学生管理信息化平台功能要求

（1）满足互动性。学生信息管理平台作为为学生提供行政与生活服务的信息化平台，不仅要对学生的数据进行搜集，更要承担诸如选课、申报国家志愿等功能。因此，学生管理信息化平台必须要有足够的互动性。

（2）满足功能性。随着数字信息时代的到来，学生上学期间的所有资料都被数字化的形式存储，并建立专属的数字化档案，而学生信息管理平台的基本功能是查询和维护学生自入校到毕业期间的相关信息，通过这一功能，可以精准查询到学生在各个阶段的学习信息及相关信息。比如，学生某段时间的到课情况、学生某学期的综合素质测评得分情况、学生某学期各科考试成绩、学生家庭贫困状况、学生某时期受奖励处分情况、学生某段时期受资助情况等。

（3）满足相关管理特性。学生信息管理平台需要满足高校要求的某项针对性要求，主要是由学生工作管理的系统性决定，即系统管理学生素质教育和教师团队建设。比如，为了加强班风、学风建设，作为高校应强调班级的到课率、学生考试成绩的及格率、学生职业资格证的合格率等，这些作为班级考核内容，应该在平台运用中得到体现。

2. 学生管理信息化平台的功能模块

一个合格的信息平台要有以下功能：

（1）学生信息的存储与管理。学生信息管理平台应当详细储存学生的必要信息，如出生年月、健康状况、家庭状况、身份证号码、住址、学习情况、相关成绩等，并提供必要的咨询与查询功能。

（2）综合素质管理模块。包括课堂实践与成绩、课外实践与成绩、校内活动表现情况与获奖情况记录等。

（3）贫困生资助与奖学金发放功能。一个合格的信息管理平台应当同时满足贫困生与优秀生的奖金申报功能，并能够直观地展示出申报流程的推进情况，减少沟通成本。

（4）校园政策与学生反馈模块。学生信息管理平台应当承担起校园政策发布、学生意见反馈的中间角色。一方面，新的措施与政策（包括生活措施、奖助措施、教学措施、学分政策、保研政策等）可以在平台上发布，减少误解与误读；另一方面，学生可以在各类校园新闻下进行评论，使学校能够及时掌握学生的想法，并予以反馈。

（三）高校学生管理工作信息化重构方案

（1）上层设计和整体安排要合理。信息化重构方案中最主要的一环是上层设计和整体布局。高校在学生管理工作方面要有全局意识，要从整体出发，在建设相关基础设施、人才培养、优化信息资源等方面都要综合考虑，在学生管理信息化重构的资金投入、资源配置和信息检测等方面也要具备大局观。

（2）在引进和培养人才方面要重视人才质量。各项工作的顺利开展，都离不开高素质人才的参与。高校要做好学生管理信息化重构工作，必须引进和培养高质量人才，要在人才培养方面有详细、全面地规划。根据制订的相关计划，首先对校内负责学生管理的人员进行培训，提高他们的信息技术素养，掌握相关技能，提高信息管理能力，为管理人员信息技术能力的发展提供相应的学习平台；其次，加快引进高技术人才，推进学生管理工作信息化的进一步发展。

（3）不断优化和整合资源，促进资源合理利用。目前，高校资源使用率较低，资源不足问题越来越严重。对此，必须采取相关措施解决高校学生管理工作资源不足的问题，整合一切可以利用的资源，提高资源利用率。信息化学生管理工作的实施环境也至关重要，高校可以采用多种方式与外界进行交流，及时关注国家的相关政策，争取政府的政策支持和资金支持，这样可以让学生管理工作的效率更高，也更有保障。

（4）对中间环节加大监督力度，同时进行全面评估。在严格的监督下，高校各项工作才能顺利地实施，对工作环节进行全面评估有利于不断完善工作，及时纠正错误。学生管理工作的信息化重构离不开监督，学校要组建相关评估小组，制定合理的评估方案，对各项工作进行评估和反馈，促进学生管理信息化重构工作顺利开展。

（5）在校园内营造良好的信息文化氛围，提高全体师生的信息文化素养。在未来的社会发展中，信息技术还会扮演重要角色，高校学生管理工作更加离不开信息化系统建设。高校在促进信息文化发展的同时，也可以使之内化为自身优势，这一过程也是高校学生管理信息化重构过程。

（四）高校学生管理工作信息化重构成效展望

1. 提高高校学生管理工作效率

高校最主要的任务是为国家和社会培养人才，在人才培养过程中，不仅要重视学生专业知识水平的提高，更要重视学生身心的健康发展，提高学生的整体素质。为此，贯彻落实这项基础工作，教育工作者需要做大量的辅导工作，深入学生的生活，对他们进行细心指导。要做好这些工作，离不开信息化管理的支持，高效的信息化管理能够让工作进展得更加顺畅。

高校工作中有一项非常重要的工作，是对学生进行教育管理，高校开展的关键性工作以及学生基础工作的进行，都与这一工作密切相关。为了使工作内容更加完善，管理模式更加科学高效，高校需要引进信息化管理模式，并积极运用到学生管理中。信息化管理系统之所以能够让工作开展得更加高效，主要原因是在管理系统方面具有独特性，能够综合处理有关学生的各种信息，然后将信息公布在公共平台上，使每个人都可以轻松查阅到需要的信息。信息化管理系统在信息查阅方面具有突出优势，在很大程度上方便了高校学生管理工作，也促进了高校管理水平的提高。

在公共平台上，也可以查阅到与学生或集体有关的各种信息，比如学生的考试成绩、在校上课情况、在校期间受到的奖励和处罚，还有在某一时期某专业学生上课情况、学生的成绩等情况。信息化管理系统的应用使高校的学生管理工作更加顺利，高校管理人员能够很快地掌握学生所在班级、寝室、专业的各种信息。信息化管理系统中实时更新的数据还可以让学生管理工作更加有针对性，从而提高学生管理工作的效率。

2. 实现高校学生管理资源共享

随着高校快速发展、招生规模不断扩大，高校学生管理工作的难度越来越大。因此，对学生管理资源进行共享，可以提高高校学生管理工作效率。高校学生管理系统信息化建设要打破传统的多头管理模式，以学校整体发展为出发点，制定长远规划，建立统一的建设标准。统一购置软硬件设备，既节约资金，又避免资源浪费。管理人员的专业技能和整体素质决定信息化管理是否能够得到实现，为此，高校需要提升管理人员的整体素质，针对不同岗位的工作人员进行专业培训（如计算机基本操作、软件使用、故障处理、数据整理、业务知识等）。根据工作人员的专业背景安排岗位，充分调动工作人员的工作、学习积极性。制定岗位标准化工作流程，记录每个工作事项的处理方法，并形成规范化标准，避免因人员调动、岗位变动造成不同的人采用不同的处理方式。各高校要不断完善学生管理系统信息共享平台，将高校学生管理工作提升到科学化、高效化、信息化层面，实现具有时代特征的高校学生管理工作。

第二节　信息化发展对高校学生管理的影响

网络技术进入飞速发展的阶段，利用现有的网络技术构建学生工作的信息化管理平台，能够提高学生的工作效率，有利于学生素质教育的开展，营造有助于学生个性化发展的成长环境。当然，就现阶段而言，还有很多问题需要解决。高校学生管理工作分为学生教育管理工作和学生思想政治工作，其核心职责是为我国社会主义现代化建设培养优秀的接班人。

根据党的路线方针，高校学生管理工作在几代人的研究和发展下，建立了我国高校学生管理工作体系，通过长期实践，创建出适合我国高校学生管理工作的方法。但是，学生的思想会随着时代发展而改变，高校学生管理工作也越来越复杂和繁重，各高校越来越倾向于建立学生工作信息化管理平台解决相关问题。

对学生管理和服务过程中产生的基础信息问题，高校学生管理工作便是对这些信息加以整理。以往，通过人工对这些信息进行收集、统计和传递，工作量大，重复内容比较多，工作效率也很低。但如今，高校可以利用计算机和网络技术代替传统人工的工作方式，完成对基础信息的整理工作。学生管理信息系统能够自动处理学生管理中的各类信息，将整理后的内容传到互联网上，教师和学生可以依据权限和需求查询相关信息。这种工作方式能够减少高校学生管理工作的工作量，提升工作效率，提高高校学生管理工作的能力和水平。

一、信息化发展实现高校学生管理工作科学数字化

随着互联网技术发展得愈发成熟，社会信息化是大势所趋。社会信息能够改善高校学生思想政治教育工作的工作方式，有利于学生管理工作向数字化方向推进。目前，高校学生的信息都是以数字化方式进行储存，教师或者学生查找相关信息更加便捷高效。在推进高校数字化建设的过程中，新系统不仅要符合数字化校园要求，还要与中心数据交换平台相匹配。所以，新系统的数据信息要上传到中心数据库中，保证与中心数据交换平台相兼容，不仅有利于学校数据管理权威化、集成化和标准化的实现，还能够保证数据的一致性、完整性、共享性和有序性，以便将安全、高效、便捷的数据提供给终端用户和业务系统，有利于数据信息的集中管理和有序组织，方便用户访问，还有利于职能部门更加规范地完成工作，科学管理学生工作。

高校学生管理实行信息化后，能够建立合理的制度，更加规范和科学地制定管理工作的内容和管理流程，减轻繁重的工作量，简化工作流程，节省人力、物力，减少错误的出现，提升工作效率，延伸学生管理人员的工作空间。例如，浙江工业大学的学生综合管理平台，运用数字化方式对学生基本信息进行储存，该系统功能包括学生心理健康、信息统一认证和学生日常事务等，使学生的学习和生活更加方便，提升了学生管理工作的效率。

信息化在高校的迅速普及，方便了学生的学习生活，也提高了学校管理部门的工作效率。学校在实现校园管理的同时，更加注重便捷的服务。所谓数字化，指应用现代信息技术，将文本、声音、图像、动画等物理信息以一定数字格式录入、存储及传播，简单地说，就是信息处理的计算机化。数字化校园是在校园内建设一个以校园网为媒介、以信息化管理为重点、以信息化服务为支撑的便捷校园管理系统。同时，校园主干网络的建设覆盖整个学校建设，连接包括图书馆、食堂等自助终端设备，实现校园网和区域主干网的对接，实现教师教学、学生事务管理、教师教育研究的信息一体化，随时随地为教师和学生提供便捷的信息服务。

建设数字化校园就是建设一个理论和实践相结合，信息技术过硬、应用广泛的信息系统，实现信息服务数字化、智能化，信息管理自动化。实现学生事务信息化管理，需要借助智能化的电脑系统，将学校行政管理、学生事务服务等不同的系统进行对接，使得各个部门之间的数据库能够实现共享，有效缓解各个部门、各个院系各行其是的现象。这些信息通过网络转化为数字形式，相比传统的上传

下达工作模式，大大加快了信息的传播速度和辐射范围，提高工作效率，促进数字化校园建设。

二、信息化发展加强高校师生间的沟通与反馈

高校大学生是文化层次较高的特殊人群，随着网络时代的到来，网络对他们的影响也越来越大。校园信息化不仅有利于高校开展学生管理工作，还可以与学生进一步沟通、交流，并及时获取反馈意见。如今，信息技术发展得越来越快，使人们的沟通交流越来越容易和方便，高校学生对此也非常偏爱。信息化技术与高校管理工作高度融合，为高校从事学生管理工作的教师提供了与学生交流的机会。

高校从事学生管理工作的教师，可以借助多种信息化手段完成学生管理工作，因此信息化与学生管理工作相结合是大势所趋，是时代要求。高校学生可以在日常生活中用新媒体等信息化技术进行沟通和交流，而且信息化技术不会受到时间和空间的束缚，可以随时随地与大学生进行一对一交流，具有高效、快捷和方便的特点。所以，信息化技术在学生管理工作中的应用性很强，尤其是高校辅导员，他们使用微信、QQ或者短信的方式与学生沟通交流，从而使学生管理工作更加便捷、简单和高效。

与传统媒体相比较，微信和微博等新媒体的主动性、移动性更强，还具有互动性和个性化的新特点和新优势，因而越来越多的人开始使用微信和微博进行沟通和交流，如果将大学生思想政治教育工作与这些新媒体相结合，将会突破工作的局限性，加强教师与学生、学生与学生之间的沟通和交流，提升大学生思想政治教育的实效性。此外，微信和微博等新媒体具有高速传递、便捷、共享、信息量大等特点，如果利用新媒体分享时政资料，宣传先进事迹、先进思想和先进案例，可以丰富思想政治教育工作内容，使工作方式更加灵活，保证高校学生第一时间看到相关内容，开阔学生的眼界。可以说，新媒体为高校学生思想政治教育工作的创新提供了一个不可多得的机会。

三、信息化思维推动高校工作载体的创新

学生管理工作信息化的开展，有利于高校工作的高效化和现代化推进。学生工作信息化管理是高校发展信息化的重要任务，是社会信息化的重要目标，能够

反映社会信息化的发展方向。将学生人本主义教育与管理信息化相结合，有利于高校工作高效化和现代化的实现。

（一）建立学生管理工作网站

功能完备的网站是信息化管理工作顺利开展的基础。网站本质上是虚拟的媒介，设计合理和内容全面的网站有利于高校学生管理工作的开展，有利于信息的浏览和查询。

网络信息化和数字化将学生管理工作与互联网有机结合，减少学生管理工作的工作量，提升学生管理工作的工作效率，有利于学校网络宣传。在建立学生管理系统网站时，要符合以下基本要求：网站应与学生思想政治教育主题相一致，与学生管理工作紧密相连；满足内容具有思想性和实用性的要求，以便高校学生信息化管理工作顺利进行。

学生网络化管理平台有助于学生信息管理工作的开展，高校可以利用学校网站发送通知、发布公告、公布成绩、宣传新的政策，教育工作者和学生能够获得更加便利的服务。由于互联网没有空间和时间限制，教师和学生无论在哪里、无论何时，都能够了解学校发生的事情。学生还可以通过校园网络平台，针对校园事件或者政策方针发表个人意见，向学校反映自己遇到的问题，还可以找到网络平台的咨询教师，教师从专业角度解决学生遇到的问题和困难，使学生的学习和生活更加顺利和丰富多彩。

（二）开发高校学生管理系统

与传统学生管理工作相比，高校信息管理系统是利用计算机技术设计的软件，具有很强的检索、记忆和存储功能，有利于学生管理工作的开展。高校信息管理系统有利于学校信息的公开和公平公正，系统操作简单，教师和学生能够方便地找到想要的信息，节省时间，提高工作效率。经过优化升级，高校信息管理系统可以更加系统化、科学化地为学校教师和学生提供优质服务，主要表现在以下三个方面：

（1）组织管理。高校的学生组织主要包括党支部、团委、青年志愿者协会、学生会和其他社团组织等，这些组织有利于学校对学会生的管理。比如，班级干部、各组织的学生干部，都是学生管理工作顺利开展的保证，能够起到联系教师和学生的作用，促进教师与学生的沟通。因此，为了学生管理工作能够顺利开展，应认真挑选学生干部，将学生干部作用发挥出来，保障学生干部的系统化和科学化，有利于学生管理工作井然有序地开展。同时，整理各种活动的工作资料并及时录入系统，方便以后查阅和借鉴。所保存的各项资料也可以为以后活动的开展和干部培训，提供丰富的经验和案例。

（2）综合测评工作。高校通过测评方式对学生进行考核，是对学生进行全面衡量和综合评价。在实际操作过程中，虽然耗费了很多人力和物力，但是测评结果并不精准，学生对学校的测评结果并不满意，从而造成不必要的误会和矛盾，有的学生还产生了抵触情绪。对此，学校可利用计算机技术，建立公平公正的综合测评机制，不仅可以使学生的权利和义务得到保证，也有利于高校测评工作顺利有序地开展。

（3）档案管理。建立档案是学生管理系统中的日常工作，将学生信息以电子版的形式整理并录入系统，既可以确保学生基本信息的准确性，还方便日后查找，节省时间和精力，提高工作效率。

（三）建立学生工作管理网络平台

在学生管理工作网站中建立学生工作管理网络平台，开设适合学生发展的项目，根据学生的需求提供相应服务，整理和汇总各项事务，使学生管理工作与网络系统紧密联系在一起，合理有效地利用网络平台，通过高效和便捷的网络系统，提高学生工作的管理效率。

（1）建设学生就业信息。由于高校的不断扩招，学生就业问题越来越严重，高校应该在学生信息管理系统上增加毕业生就业板块，为应届学生提供优质的招聘信息，有助于学生找到适合的工作，提高毕业生的就业率。

（2）心理咨询中心系统。近年来，大学生群体的心理问题越来越凸显，学校领导以及教师应该对此有足够重视，在实际工作中有所体现，可在学生管理系统网站上建立心理咨询项目，开展主题为"心理健康教育"的线上讲座，针对大学生普遍存在的心理问题进行阐释和解答，帮助大学生正确认识心理问题和应对心理问题，还可以提供线上一对一的咨询服务，为大学生答疑解惑。

（3）学生社区交流系统。高校可借助网络，为大学生提供沟通交流的机会，选择不同的文化为主题，让大学生各抒己见，展开交流，在沟通交流过程中，相互了解、建立友谊、增进情感，使大学生的课余生活更加丰富多彩。

四、信息化发展促进高校人才培养模式的创新

所谓人才培养模式，指在国家人才培养目标和相关质量标准框架内，大学生所接受的关于知识、能力、素质结构以及如何实现这种结构的人才培养方式，具有模式化、专业化、统一化的基本特征，普遍适用的是家庭、学校、社会三位一体的育人模式。在这个模式中，家庭、学校、社会各自发挥育人功能，力求每一环节都做到最好。如果三个方面缺乏信息沟通和共享，不能及时了解每个学生的需求，便不能真正实现学生的全面发展。

在当前全国信息化的大趋势下，信息社会中人类智能化的创造力得到普遍运用，对人才思考问题的方式、经济活动方式、社会实践产生巨大作用。对此，高校培养人才必须与时俱进，符合社会不断变化的发展和需要，必须不断提升职业素养和能力素养，熟练地掌握和应用计算机，根据相关专业知识对信息进行进一步分析，果断进行思维判断，科学实践，从容应对现代化的信息社会。

现在，高校信息化发展处于依托校园网络，继续加强和完善的阶段，高校应当抓住信息化建设时机，促进人才培养模式的转变。同时，应该以人才培养模式的转变进一步带动高校信息化发展，真正做到人才培养和信息化建设两者相得益彰，协同发展。还需要认识到，处于迅速发展状态中的信息网络技术，对能够快速接受新事物的大学生来说，同样产生思想层面和行为方式上的影响。因此，信息技术不仅改变大学生的生活方式，加快大学生的生活节奏，也为大学生信息管理工作增加了一定难度。

第三节　信息化背景下高校学生管理创新思路

一、信息化在高校学生管理中的优势

（一）借助信息化发挥高校社会主义核心价值观的引领作用

社会主义的核心价值观展现出当今时代中国人的民族精神和民族意志，是社会主义意识本质的根本体现，是中国人民建设社会主义的思想基础。社会主义价值体系建设的灵魂是马克思主义理论和思想，建设主题是建设成为中国特色的社会主义，建设精髓是爱国主义和改革开放。无论是建设灵魂、建设主题、建设精

髓还是建设基础，都是相对独立的，虽然通过一定的联系结合形成完整的社会主义价值体系，但每个部分都有侧重点，也和其他三个部分相互补充，体现出社会主义建设过程中遵循的原则、建设的本质、发展的方向、秉持的精神。

社会主义核心价值体系是我国社会主义发展思想的整合，也是我国社会主义发展思想的创新。社会主义核心价值体系为我国教育发展和管理提供了系统支持，为教育管理和教育发展工作指明方向，解决教育发展过程中内容、层次不一的问题，为教育发展和管理提供了系统化、规范化、明确化、稳定化的支持。

大学培养的是中国特色社会主义的接班人和建设者，社会主义核心价值观也体现出教育以人为本的要求，借助信息化，可以充分发挥社会主义核心价值观的引导作用，实现当代大学生的德育教育，促进当代大学生的健康成长。

在高校开展德育教育的主要目的，是明确大学教育培养目标，即如何培养人才、培养什么样的人才。通过大数据平台以及各种新媒体渠道，可以有效传播社会主义的核心价值观，引导大学生了解社会主义核心价值观的意义，进而将核心价值观内化为大学生的人生追求。换言之，对于大学生的培养，必须坚持以社会主义核心价值观为基础。在此基础之上，首先，明确马克思主义的建设指导地位。大学生可以马克思主义思想为武器，武装自己的头脑，应用马克思主义思想解决现实问题；其次，明确新时代中国特色社会主义发展的共同目标，凝聚所有社会主义接班人的力量，完成中国梦；再次，以爱国主义和爱国精神号召大学生参与改革创新活动，为建设更好的社会主义明天而奋斗；最后，坚持以社会主义荣辱观进行道德培养，巩固大学生的思想基础，从而形成一致的社会荣辱观念。

以社会主义核心价值观念作为大学生培养的基础，不仅是高校思想政治教育的内容，也是实现中华民族伟大复兴的重要保障。大数据的研发、新媒体的发展，都是社会主义核心价值观建设可以使用的渠道，通过新媒体的使用，激发学生的学习热情，提高教育成效。

（二）运用信息化构建践行社会主义核心价值观的有效载体

自改革开放以来，我国社会发生了重大变化，经济模式转型，社会信息有了爆发式增长，人们的观念也受到外界环境影响，经济的快速发展导致人们观念中功利性的成分增加；随着改革开放的深入，外来文化大量涌入，我国文化变得越来越多元；随着大数据研究的日益深入、新媒体的出现，人们自主意识逐渐觉醒，导致以自我为发展中心的个人主义出现。这些外来因素对于大学生的教育并不乐观，对社会主义核心价值观的建设也提出了新的挑战。

大学生是新媒体的主要用户，以新媒体为载体，可以传播和宣扬社会主义核心价值观，培育大学生的社会主义思想，用大学生喜欢、乐于接受的方式进行思想政治教育，将社会主义思想转化为内在的社会主义观念认同，将当代大学生培养成合格的社会主义接班人。在运行媒体时，需要考虑如何发挥新媒体技术的优点培养大学生特色社会主义核心价值观、如何利用大学生对新媒体的热爱传播社会主义价值观念信息、如何让大学生快速接受新媒体所传递的信息等，这些是新媒体时代社会主义核心价值观传播需要解决的问题。

时代发展必然会对教育产生影响，教育管理也应该紧跟时代发展的步伐。也就是说，在新媒体时代，传统的教育方法已经不适合大学生的成长需求，外界环境的影响导致大学生的价值观念、政治想法、心理健康以及道德素养都发生变化，他们对教育的需求变得更多，而新媒体的出现为教育提供了开放自由的环境，大学生可以接触新媒体，比如手机、电脑。新媒体作为信息传播的载体，也为教育信息的传递提供了便利。新媒体为教育理念的传播提供了新渠道，以网络为基础开展的教育对话和教育活动交流，对于社会主义核心价值观的传播是有利的，高校还可以通过新媒体了解大学生的思想需求、思想变化，引领正确的舆论导向。

新媒体平台的出现促进大学生教育的针对性，提高了教育效果，原因是网络平台为信息交流提供了虚拟环境，在虚拟环境中有利于真实观点的表达，教育管理者也可以通过网络平台了解学生的真实想法，并且针对大学生的思想进行有效引导，有针对性地提高教育效果。基于大数据技术形成的新媒体网络，为大学生提供了自由进行信息交流的场所，通过新媒体平台发布信息、获取信息，信息的形式更加多元化、更具有开放性，新媒体网络形成了自由表达的信息空间。除此之外，新媒体网络用户之间是平等的关系，不同的主体之间可以进行平等的信息传播，每个人都有发出自己声音的权利。

网络信息主体由单一的存在向多元化进行转变，使网络用户的构成更加丰富，涉及社会不同群体、不同阶层，实现所有人群之间的信息传播和信息交流。其中，大学生作为网络使用的主要群体，更是掌握了一定话语权，在新媒体平台上发表更多的声音。新媒体网络的便利性也带来了一定负面影响，因为信息传播是平等的，所有人都可以自由地发出声音，导致传播信息的复杂性，在大量信息中不免会有负面信息，也会出现问题与争论。大学生的思想还未真正成熟，在信息选择上可能会出现偏差和失误，有可能受到错误信息的误导。因此，高校在使用新媒体进行教学管理时，必须注意对学生的思维和想法进行有效引导，教会学生如何分辨网上的信息、如何运用互联网的信息。在此基础上，学校可以借用互联网的便利开展教育教学。

二、推进高校学生管理创新的必要性

第一，推进管理创新的必要性，体现在创新可以满足教育的发展需求。随着我国社会快速发展，教育也在逐渐加速。无论是学生生源数量的增多还是学校教育规模的扩张；无论是国家层面教育的改革深化，还是学校内部对学生生活、成绩、管理的人性化，都需要学校提出新的管理方式和工作模式，需要学校进行创新，以应对外界的不断变化。每一次创新都是学校改革的挑战，每一次创新都是对教育需求的满足。

第二，推进管理创新的必要性，体现在创新可以满足学生管理工作的需求变化。学生管理工作是与学生生活、工作、学习、情感等相关的管理工作，当今大学生生活的社会环境是不断变化的，无论是人们的生活方式、思想观念还是经济文化，都变得异常丰富和多元。在这样的时代背景下，学生的思想和日常生活学习都受到影响，学生思想变得更加开放，自我意识逐渐苏醒、法律意识得到强化、责任感得到提升，也更愿意表达自我，更加关注自我需求。高校对此必须尊重学生的自我意识，必须适应时代发展潮流，在对学生管理进行不断创新的同时，创新管理理念、手段、模式，只有通过创新才能实现科学有效地管理，才能实现学生价值。对学生管理进行的创新不仅可以满足学生对教育的需求，也可以满足教育自身的发展需求。

第三，推进高校学生管理创新是培养创新人才的需要。随着科学技术的不断发展和进步，要满足社会对人才的需求，必须加大对高校学生的培养力度，培养综合素质足够高的专业化人才。要实现人才培养目标，必须加大教育创新和制度改革，不仅要创新教育管理观念，还要创新人才培养模式。在高校教育中，学生信息化管理工作比较重要，也是培育人的主要方式，学生管理创新是培养创新人才的需要，也是高校教育创新的主要内容之一[①]。

---

① 单耀军 . 大数据背景下高校学生管理信息化研究 [J]. 教育与职业，2014，000（023）：27-29.

三、高校大学生管理工作的思路拓展

在信息化背景下，大学生发展过程中出现的问题是不确定的，给高校大学生管理带来了新的挑战，培养出合格的社会人才已经成为教育管理者需要研究和解决的问题。传统的说教方式已经无法满足当前的发展需要，我们需要开拓管理思路、创新管理理念。

（一）注重学生的情感教育

所谓情感教育，指在高校日常管理过程中，要充分发挥情感因素的积极作用，做到"情"与"理"有机融合、相辅相成。尤其需要注意以下方面：

首先，以人为本。学生是高校学生管理的对象，是具有独立意识和人格的人。

其次，以情为基。情感教育的目的在于教育，但要注重寓情于教的方法导入。

再次，因势利导。开展情感教育的前提是尊重学生的个体化和独立性，因材施教。

最后，以情激情。重视情感的推动作用，适时表扬学生，向学生传播正能量，培养学生积极向上的道德品格。

（二）树立正确的人本观念

（1）师生之间应树立平等意识。要促进师生之间的良好交流和沟通，必须采取有效措施，改善师生关系。对于师生关系，应是平等的，是基于人格平等上的合作交流关系。在师生关系建立中，必须凸显学生的核心主体地位，教师要起到良好的引导作用。在具体的教学管理活动开展中，教师要让学生学会自我管理，不应进行过多干预。

（2）建立人性化的规章制度。科学完善的规章制度是学校管理的重要保障。一般来讲，规章制度呈现出重惩罚、轻奖励的失衡状态，在高校管理制度建设中，首先需要建立符合大学生心理特征、年龄特征、班级特征的人性化制度。

（3）尊重学生的个体差异性。素质教育的最终目的是实现学生的个性发展，要在教育之初认识到学生的学习基础、理解能力等方面的差异性。要从根本上提高教学效率、保证教育成功，必须尊重学生，采取个性化和专门化的教育方法，针对不同的学生，采取不同的教学方法，通过加强个性化教育，为学生创设良好的学习环境和学习氛围，从根本上提升学生的思维创新能力。

（4）教师必须认识到，学生是发展中的学生，学生之所以称为学生，是因为他们需要被教育，尤其是在当今社会环境下，大学生的思想变得更加多元，无

论从成长的横向还是纵向来看，他们的发展都具有更大变化。学生的成长除了遗传因素影响之外，主要受到外界环境、后天教育的影响。通过自身遗传因素、外在环境和后天教育的共同影响，学生逐步从青涩走向成熟。然而，成熟的过程时而缓慢时而快速，教师必须树立"学生是变化的学生"意识，不应用成人的思想标准要求学生，要对他们实行动态化管理，针对不同的发展阶段进行引导。

（5）培养学生的责任感。对于学生责任感的培养，主要指他们应该具有道德感。首先，教育他们展现自己的个性；其次，培养他们对自我负责、对社会负责的意识。

（三）树立以学生为本的管理理念与大教育管理观

树立以学生为本的管理思想，从学生角度出发进行大学教育管理，是实现大学生管理创新的基础条件。管理学指出，人是管理最重要的因素，也是一种管理资源。以学生为本的教育管理理念，是要将学生看作管理的重点，围绕学生需求展开管理工作，关心学生的日常生活，尊重学生的个人意愿，鼓励学生发展个性，满足学生个人发展需求，激发学生的自我管理。

以学生为本的教育思想，需要深入了解学生需求，只有在了解学生基础上，才能展开针对性的管理。与此同时，应该以提高学生的综合素质能力和创新能力水平为教育出发点，在管理过程中使用科学、民主的管理方式，最大限度地调动学生学习的主动性、积极性，营造一种学生是学习主人翁的良好氛围，使学生认识到他们不仅是被管理的对象，也是自我管理的主体。

学生管理工作需要学校全体人员参与，形成管理合力，应该提高学校各个部门对学生管理的参与程度，引导他们积极参与学生管理的过程中，建立整体性的管理体系，以学校主要工作部门为管理主体，以部门内的相关人员，包括教学人员、职工以及学生干部等，共同进行学生管理，为学生的生活、情感、学习提供服务。

（四）运用现代科学技术推进学生管理手段创新

随着互联网的飞速发展，我国许多行业都发生了巨大改变，教育也不例外。互联网技术、大数据技术逐渐走进大学校园，并且促进各项工程建设。大学生是我国当代社会网民的主要群体，校园网的建立为学生提供了用网渠道，大学也成为互联网用户的密集区域。大学生在日常生活中主要依靠互联网获取生活所需要的各种信息，互联网对他们的日常生活、日常学习、价值观念、思维模式都产生了非常深刻的影响，这对大学教育管理也提出了新的挑战。为此，大学管理者需要掌握互联网技术，利用网络实行创新，开拓管理途径、丰富管理手段，将管理升级为信息化管理，只有这样，学校管理工作才能真正发挥作用。

首先，建立学生的信息数据库。学生信息是开展教育管理的基础，掌握学生各方面的信息，有助于展开针对性的管理。因此，为了更好地收集大学生的基本信息，高校应该从入学开始记录大学生的各种信息，形成信息数据库。比如，登记学生的家庭状况、经济状况等，对有需要的同学展开必要帮助，记录学生的学习成绩、参与的社会实践、获得的各种奖项，以便提高管理的弹性。

其次，建立学生的数字化管理平台。针对学生的教育管理应该建立专门网站，形成管理组织群，比如微信群、QQ 群等，通过网络进行有效管理。网络管理平台需要符合学生对教育的需求，管理应该生活化，服务于学生生活，与学生进行自由、平等沟通，努力了解学生的思想，突破传统的单向沟通模式。数字管理平台有利于提高学生对管理的兴趣，使学生积极主动地参与管理。

（五）推进学生管理运行机制创新

管理学中的中坚力量是学生工作管理队伍，他们是学生管理的主要管理者、执行者。学生管理队伍的行政组织形式是管理机构，管理机构主要负责组织内部的活动管理，也负责调度机构内各个队伍的力量，综合管理资源，实现科学有效地管理。为了提高管理水平，应该推进学生管理运行机制的创新。

当前，我国高校学生管理机构主要由学校的党委副书记带头，由学生工作负责人和学院党委副书记、辅导员、班主任组成，辅导员和班主任是直接接触学生的管理者，他们的能力水平直接决定学生管理工作的效率高低。为了提高学生工作管理的整体水平，应该对辅导员和班主任进行专业化培养，提高他们对工作的认真程度。除此之外，要对辅导员和班主任进行一定的奖励，工作效果好的辅导员可以进行职称评定、出国深造等。学院作为学生管理工作的基础组织机构，直接面向全院的学生，所以必须形成良好的机构运行准则，保障机构有序运行。

学院对学生管理工作的具体过程，应进行人员和管理层次分配，建立学院、年级、班级、宿舍四个管理层次。学院主要由学院团委、学院学生会、学院心理辅导园地构成，年级主要由年级团总支、年级学生会、年级党支部等构成，班级由班级团委、班级班委构成，宿舍主要有由寝室长进行管理。在人员配置上，学院党委副书记主要负责统筹机构的全部工作；辅导员负责年级层次管理，不同的辅导员分别负责团委、学生会以及心理辅导园地工作；班主任主要负责班级的具体事务管理工作；学生干部负责学生的组织管理工作以及自我管理工作。在不同层次、不同人员的管理下，实现目标清晰、职责明确的管理模式，整合学院所有干部力量、学生力量，实现学生和管理者之间的有效沟通，形成管理合力，实现科学、有效、精细化的管理。

（六）建立立体互动的学生管理体系

高校学生管理工作的主要途径是制定规章制度和行为规范，约束学生行为，引导学生思想的正确发展，帮助学生成长为合格的社会主义接班人。学生发展的过程受到很多因素影响，学校管理工作必然需要多元的管理主体。在多元管理主体中，学校是主要的管理者，社区是学生管理工作的支持者，家庭是学校开展学生管理的合作伙伴。

（1）学校是学生接受教育的重要场所。学校的规章制度和相关管理方法，需要建立在充分尊重和了解学生的思想特征和实际情况基础上，明确科学合理的人才培养目标，还要在结合学生身心发展规律的基础上，实现刚性管理和柔性管理的有效结合，凸显出思想教育的激励价值，营造出良好的教育管理氛围。

（2）社区是学校学生管理的重要支持者，社区已经成为学校管理机构中不可或缺的组成部分。社区是学生开展日常生活和娱乐交往的主要区域，也是学生课外学习的主要区域。学校内的社区必须加强有效管理，有助于约束学生行为，引导学生的思想观念。一般情况下，对社区管理是建立公寓管理中心，管理的主要目的是避免形成管理盲区，对学生实行全方位管理和帮助。公寓管理中心的建立也是为了营造良好的社区氛围，为学生的生活和课外学习营造良好的空间。除此之外，公寓管理机构还必须和学校其他管理机构进行有效沟通、积极交流，将学生管理过程中出现的问题进行及时反馈，通过管理部门的共同研究解决学生的发展问题，进而提高学校的整体管理水平。

（3）家庭是高校学生管理体系中不可分割的一部分。要加强高校学生信息化管理，还需要学生家长的配合，只有在综合考量高校教师和学生家长交流信息基础上建立起来的学生家长联系制度，才能真正发挥应有作用。比如，多数家长在与高校互动方式上，不仅会通过电话联系，还会利用高校官网留言或者邮件反馈信息。这些关于教育经验交流的方式，从根本上促进了高校学生管理工作的有效落实，扩大了学生管理方法的应用范围，从根本上优化了学生管理效果。

高校学生管理创新工作难度较大，针对高校学生管理人员，必须在结合信息化思维特点基础上，不断创新和完善学生管理方法，及时了解学生管理变化情况，从根本上推进学生管理的创新。

第四节　信息化背景下高校学生管理创新方法

一、创新高校学生管理思想理念

（一）领导者与时俱进，以人为本的理念

随着时代发展，学校的信息化建设迫在眉睫，高校在进行信息化建设时，需要认真分析信息化的发展趋势，学校领导者应该保持清醒的认知，充分了解信息化发展需要消耗的学校资源、关系到哪些学校职能部门、需要调动哪些人员等。领导者应该对此进行科学规划，找准时代发展方向，有整体观念、大局意识，能够严格落实各项规划，严格跟进信息化的部署工作。

高校信息化建设需要学校领导主动学习相关理论和相关观念，通过自身积极主动地学习，带动学校信息化建设。与此同时，学校领导还应该有整体性思维，有全局意识，能够进行统筹规划，在对学校进行充分调研和考察基础上，制定出适合学校发展的信息化方案。通过不断发展，很多学校都认识到应该成立专门的信息化校级管理机构，对信息化发展进行集中管理和规划，有助于明确学校的信息化培训目标，掌握信息化的发展策略，有的学校还专门成立了负责信息化建设的领导者，全面推进校园信息化。同时，领导干部需要具备以人为本的建设理念，认清学校信息化服务本质；注重信息化建设过程的管理，采用建设阶段目标和建设奖励方法，带动学校教职工参与信息化建设。在信息化的建设过程中应用系统动力学理论，也就是在建设过程中运用项目的管理思维进行信息化管理，将信息化建设当作一个庞大的项目，从管理学的视角进行建设资源分配，寻求各方面平衡。项目管理的方式有利于达到信息化建设管理的最好效果、达到信息化工作的最高效率，有效指导学校的信息化工作建设。

（二）管理人员自觉利用信息化办公平台的理念

高校信息化建设面向的是全校师生，信息化建设不仅为学生提供平台支持，教师也应该积极地使用信息化平台。教师通过网上办公的形式，使用学校信息化

平台，并且在使用过程中不断完善信息化平台建设。

我国高校建设是按照专业进行划分，很多教师并非计算机专业或者计算机相关专业从事者，所以高校教师信息化水平参差不齐。很多非专业的教师使用信息化平台会心有余而力不足，进而导致学校教师对信息化平台的使用率和利用率较低，在他们的日常办公过程中仍然习惯使用传统的教学方式。

高校在开展信息化平台建设的同时，应该对学校教职工进行信息化培训。通过培训，教职工可以掌握信息化平台的使用方法，进而提高信息化平台的利用率。除此之外，信息化平台管理员应该不断加强信息化理论学习，紧跟信息化发展步伐。因此，学校管理人员的信息化水平决定了高校的信息化建设水平，在信息化应用基础上，应该注意节约教学成本，提高教学效率[①]。

（三）学生自觉积极使用信息化系统的理念

高校信息化建设为学生的学习和生活带来极大便利，既提高了学习效率，又增强了学习的主动性。通过信息化技术手段，学校生活也将更加便利。例如，校园一卡通既包含宿舍门禁卡，也包含饭卡、图书借阅卡，还可以作为学生证明，方便了学生的日常生活。

学校信息化建设要求学生具备一定的信息化素养，学生对于新鲜事物的接受能力较强，对于信息化平台和产品的使用比较容易掌握。但应该注意到，大学生的思想还未完全成熟，在进行信息化素养的培养过程中，应该注意给予正确的思想引导，对于互联网的不良影响应该及时规避，确保信息化的建设是为学生的学习和生活提供便利，而不是成为学生沉迷网络的工具。

（四）技术人员树立利用信息化技术合作的意识

高校信息化技术需要技术人员维护。一般情况下，学校信息技术人员拥有理论技术，缺少掌握信息化的实际需求，所以应该对信息化技术人员进行服务意识培训。信息化管理人员应该了解学校和师生对信息的需求，展开实际调研，通过调研了解和掌握需求变化。除此之外，技术人员应该清楚地了解和掌握信息产品，根据需求不断改进产品服务，根据实际需求进行产品创新设计和技术建设，切实推进高校的信息化技术应用。信息化建设更重要的是日常管理和维护，应该秉承正确的信息化建设理念，开展信息技术应用。

---

① 郑文捷. 高校学生管理信息化平台与服务构建探索 [J]. 宁夏社会科学，2016（4期）：254–256.

二、创新高校学生管理组织结构

信息化发展应该创新学生的管理组织结构，组织结构的创新可以为学校发展提供动力。学校的信息化建设不仅是计算机或者多媒体设备软件的增加，还需要学校管理结构的创新，只有管理环节跟上信息化的建设速度，才能实现信息化的良好应用。为此，应该根据学校的实际发展需要进行资源重组，进行科学、合理、有效的设计，包括流程设计、目标设定等等，通过合理的设计保障资源快速、及时传输，为学校日常工作需求提供稳定的保障。

（一）完善学生管理信息化组织结构

信息化的组织结构建设应该成立专门的领导小组，或者是工作委员会，任命学校领导直接管辖领导小组，负责信息化建设相关的目标设定、流程规定，并且进行总体管理调度，协调各个部门的职责，管理工作人员，保障信息化工作能够整体有效地开展。除此之外，信息化技术的领导者还应该负责信息的筛选和挖掘。信息筛选有利于实现数据的高效利用，信息化组织结构对于高校的信息化建设有着重要作用，完善学生管理信息化组织结构，有利于提高学校整体的管理水平，促进资源的高效利用。

信息化组织结构的建设还需要不断完善，形成一定体制。信息化领导小组是高校信息化建设的主管部门，管理各个项目的推进和应用，也包括管理人员的调动，对于各学院、各专业的师生来说，信息化领导小组是校园信息化建设的主要管理部门和服务部门，是服务的提供者，领导小组也是学校信息化平台的使用者。信息化服务平台是整个校园信息运作的保障，必须建立健全相关体制，保证信息化组织的有效运行。

（二）优化高校学生管理体制

1. 高校学生工作组织结构的主要类型

（1）直线型层级结构。高校学生工作组织结构，一般是直线型的层级结构。直线型结构主要是以学校和学院两个层次为主体，其优点是决策可以快速传达，操作灵活，有利于学校对下层院系的控制，有利于资源的高度整合。但是直线型结构也有其不足，主要体现在管理职能有交叉，甚至重叠，而且横向结构之间很难进行有效沟通。当开展整体学校工作时，会涉及不同部门，如保卫处、团委、党委、后勤、各个学院等，这些机构都属于横向层次，彼此之间没有管理权，也没有决策权，在具体工作中如果不能进行有效沟通，会出现工作无人负责的局面，领导负责人相互推诿，使工作很难开展。

直线型的结构组织涉及管理层次众多，导致学院或者专业的最高领导者很难完全掌控学生的所有工作。相比于学校教学和学术研究，学生管理工作并没有得到关注和重视。除此之外，学生工作的相关信息需要经过学校党委、行政部门、学校团委传达到学院团委、学院辅导员，再传递到班长和团支书。经过多层次传达，会导致信息传递不通畅或者信息传递受阻，甚至是信息失实。有的学校管理出现人事不统一的现象，具体体现为学院辅导员等人的工作考核和评价管理权限属于学校党委，但是辅导员等用人权限属于学院管理。管理人事权限的分离不利于具体工作的开展。

（2）横向职能型结构。横向职能型管理结构最初起源于西方学校管理，我国学校很少使用这种管理模式。这种管理模式的特点是管理层直接面向学生开展工作，工作直接由学校分配，学校直接面对学生，相比于直线型的管理结构，横向职能型结构的分工更加明确，避免了信息传达的失误，各个部门之间沟通更加便利，有利于学校指挥各项活动。横向职能管理结构范围跨度大，容易协调，可以多头并进开展具体工作，是其最大的优点。

2. 网上业务协同矩阵管理结构

网上业务协同矩阵管理机构越来越受到师生的欢迎，被应用到学校组织管理中。当前，数字化建设在我国高校内普遍应用，师生的信息化素养也得到提高。信息素养提高后，师生不满足于本部门内部的信息和业务服务，需要寻求更多的跨越部门、跨越职能的信息交流和信息服务，而跨越不同职能的信息业务处理和信息服务便可通过网络实现。比如，学校毕业生在离校时需要办理手续，传统办理离校手续需要教务处的盖章、学生处的盖章、图书馆的盖章以及后勤部门的盖章，学生办理离校手续往往需要跑多个部门。但是，通过信息化业务协同服务，学生可以在网上实行离校手续的办理，信息化协同管理结构有效节省了学生办理离校手续的章程和时间，通过网络将各个部门的职能联系在一起，可以简单快捷地办理离校手续。除此之外，学校进行奖学金或者各种职称评定时，往往需要学生理论知识的成绩，德育的成绩在网上通过教务处和学生处的业务协同管理，可以很方便地解决评奖评优所需要的各方面资料。此外，网上业务协同最明显的应用是校园一卡通，校园一卡通集合了学校门禁、学校图书馆借书以及学生食堂消费等功能，涉及学生处、教务处、学校保卫处以及学校图书馆等部门，一卡通的综合应用体现了网上业务协同管理结构应用和建设的成熟。

高校信息化进程的推进，为矩阵管理结构的应用提供了强有力地支持。由于目前信息化建设还处于起步阶段，如果要完全实现矩阵管理结构，还需要经过一段时间的发展。目前做得比较好的是，学校基本实现简单的信息化综合管理，设立信息化相关的新职能、新岗位，为信息化的综合协调提供保障。比如，成立信息化服务中心、校园一卡通管理和服务中心等。信息化的系统和体制建设能有效协调各个部门，实现学校信息化综合管理。

三、创新高校学生管理业务流程

对企业来说，管理业务流程创新和再造，是对企业的业务流程进行根本性革新，重新进行思考和设计，提高企业的服务和质量，降低企业的运营成本。对高校来说，管理业务流程的创新和再造，是从根本上改变学生管理方面的业务流程，重新设计和思考，从而提高学校的管理水平与办学效率。

高校存在的主要目的是为国家培养人才。对于学校发展来讲，学生事务管理是学校最为紧要的管理任务，高校学生业务主要包括学生的学籍录入、管理学生的就业创业、心理辅导，等等，这些业务的完成需要学校多个部门参与。比如，大学新生报到时，会涉及学校的具体院系、学校财务处、学生管理处、学校后勤、保卫处等部门，也就是说，学生业务管理需要学校各部门共同参与，如果能够进行有效联合办公，将会极大地简化学生业务处理程序。

学校对学生业务处理的水平代表学校整体的办学效率，随着信息化在高校的应用，学生对于业务办理的需求也变得越来越复杂、越来越多样。传统的业务流程已经无法满足学生业务的新需求，对此需要对学校业务流程进行创新和再造，进行根本性思考和设计，为学生需求提供针对性服务。

随着管理信息化，学校各个职能部门之间应该主动配合信息化的应用，积极进行学生管理流程创新，可以说，管理的信息化体现为管理的流程化。除此之外，高校学生管理业务流程的创新需要充分了解传统业务流程的不足，结合学生对业务办理的新需求进行流程创新和再造。在这个过程中，应该遵循以人为本原则，尊重学生的合理需求，进行流程简化、增加和整合，实现高效率地办学。

（一）改进传统学生管理流程

1. 在信息平台下实现组织结构扁平化

学生的管理流程应该借助信息化手段，实现结构扁平化转变。通过基本调查和了解，以学生的基本需求为出发点，改善业务管理流程，不断缩小直线管理层级，将组织结构变得扁平化。扁平化的组织结构有利于学校领导更好地了解师生的真实需求，缩短学校和师生之间的距离。此外，学校还应该实现组织结构的流程化。流程化的组织结构有利于实现学校管理任务和管理目标。流程化的组织结构以核心任务为中心，分配工作人员，通过不同职能部门的配合，完成管理任务和管理目标，这种方式增加了学校不同部门之间的交流和联系，促进了教学信息的流动，充分发挥了学校各个部门的职能优势，使资源利用最大化。例如，按照传统的管理模式，最高层级的领导如果要了解学生的基本情况，需要多个部门传达信息、汇报信息，而信息化管理流程使得校领导可以不受部门限制，通过信息化平台了解学生的基本信息，有利于缩短工作时间，获得真实可靠的信息。

2. 基于现代信息技术网络化构建协同管理平台

学生工作涉及各方各面，是一项复杂的管理业务。信息技术的出现为学校管理的优化提供了更多选择性，以信息技术为基础建立的技术网络化系统管理平台，可以有效整合学校信息资源，实现综合管理，为学生提供更加便利的服务，打破原有不同部门之间的壁垒，真正实现学校信息共享。

信息化技术在我国高校得到普遍应用，实现我国高校数字化、智能化，通过信息技术为学生提供公共智能化管理。通过数字方式进行学生业务管理和信息流动，对于学校决策、部署和规划工作是极具推动力的。

3. 集成相关业务，简化业务流程

业务流程的革新和再造，应该组合散落的业务，优化业务流程，创建高效顺畅的协同管理平台，还应该删除传统业务流程中不需要的、多余的、冗杂的步骤，进行程序精简，以实现管理的轻便化和自动化；应该避免获取重复的信息，通过一次性的信息获取，实现更高效率的信息集成；应该降低办事流程中和各个部门人员接触频率，简化办事步骤，实现各个部门之间的业务集成；应该避免活动分散，将类似的业务进行整合，实现任务集成。通过信息部门和任务集中，实现学校业务流程的综合化，将一项任务所需要的各个信息、各个步骤、各个部门整合在一起。

业务流程的整合体现在将学生的信息进行有效归类，以便更好地利用；在管理过程中公开办事环节、办事流程，减少任务和信息传递；通过信息化手段进行信息统计、录入工作，减少人工统计的工作时间。工作人员的主要工作方向是对信息进行整合、加工处理以及深入研究，有效提高办公效率和办公速度。例如，在审核学生奖学金、进行奖学金发放时，通过信息化管理系统，只需要上传奖学金的评定条件，由系统进行相应金额计算，不仅解决了传统审核过程的烦琐，也节省了时间。

（二）设计学生管理信息化流程

学生管理信息化流程涉及很多因素、不同的部门，各个部门之间是相互影响、相互制约的关系，通过确立明确的管理目标，可以设计不同环节之间的先后顺序，确定各个部门之间的转承关系。学生管理信息化流程的改革，应该思考传统的管理方法、手段和理念出现的问题，并且针对原因进行根本性改革，不是简单地照搬其他高校的管理方法、手段和理念，而是要结合学校的学生需求设计管理流程，为学生提供更有效的信息化服务。

四、创新高校学生管理手段

（一）革新高校学生管理方式

信息技术在高校应用和发展基于高校管理方式的同步更新，要建设学生信息管理制度，首先应形成新的管理方式。学校应该成立信息化管理领导小组，设立管理目标，明确管理方法，进行项目管理。项目管理指在管理过程中以系统的方法和理论以及系统观点，对项目进行科学有效地管理，以便更好地实现任务目标。项目管理过程中项目的提出，需要根据学校管理需要，根据具体的需求进行流程策划、思路规划以及方法选择。开展不同的项目，需要不同的软件，学校应该结合自身发展需求和学生需求进行软件选择，合适的软件有助于信息化项目的整体推进，也有助于提高管理效率。

对信息化管理方式的应用，应该要求管理人员转变管理思路，从传统的封闭局限性管理向整体的开放式网络管理转化，由人工单向管理向网络批量科学管理转变。同时，在管理过程中还应该积极使用现代信息化技术，创新管理方式，拓宽管理途径。

（二）增强高校学生管理人员素质

管理机制是固定的，管理机制的发挥需要依赖管理人员，管理的效果很大程度上也取决于管理人员的素质。加强对管理工作人员素质的培养，有助于管理机制发挥更大效用。高校管理队伍应该由多层次的人员组成，人员不仅应该具备管理理论知识和理论能力，也应该具备当今时代的教育责任感和使命感，还应该具备实际的管理工作经验，熟练使用网络技术，熟练管理系统，具备创新能力，根据学生需求进行工作方式的创新和改革。

管理人员的培养需要相关的管理体制加以保障，体制的存在有助于明确各项职责，梳理各项关系，有利于学校学生管理部门的有效管理，带动管理人员对工作的主观能动性。除此之外，机制建设还应该包括培训机制。培训机制可以增强管理人员的素质，还可以实现管理人员的内部培训，通过老带新或者其他方式，促进管理人员之间的内部交流。同时，应该加强技能理论培训，通过聘请有计算机和信息技术基础的人才，对管理人员进行信息化产品培训，使管理人员掌握计算机使用能力和使用知识，有助于对管理人员的能力深化和能力提升，也能够促进学校管理组织机构更好、更快地发展。

（三）提升高校学生管理精细化程度

高校学生管理应该精细化，做好细节工作，追求精益求精的效果；建立严格标准，严格执行工作要求；工作态度认真，注意工作细致。在应用信息化技术的同时进行精细化管理，注重学生个性化发展，不仅要实现整体高水平地发展，还要注重培养学生的个性兴趣，促进学生全面发展。信息化的管理体制为学生工作的精细化提供基本保障，可以利用信息化手段制定学生个性化发展。由此可见，信息化管理体制有助于提升高校学生管理精细化程度。

提高高校学生管理的精细化程度，也代表高校学生管理的态度，是高校学生管理的奋斗目标，如同实现国家管理精细化，学生管理精细化也是学生管理体制的发展目标，通过信息化手段，可以有效提高工作的精细化程度。因此，精细化主要体现在管理方面、教育方面和学生服务方面。

（四）完善高校学生信息化保护体系

高校学生管理应该完善信息化保护体系。信息保护有不同的等级，等级高低取决于信息对于国家安全、对经济建设和社会生产生活的影响，或者是由信息本身的重要程度所决定。如果信息遭到泄露或者破坏之后对国家的安全、对社会的稳定或者是对国家公共利益产生较大程度的危害，信息保护等级也是较高的。对信息进行相关保护，也是高校建设信息化平台的重要工作。学生信息具有隐私性，学校在建立信息化平台时必须注重保护学生的个人隐私，应该为信息化平台安装防火墙，配备安全检查人员，及时进行信息化平台维护。

信息化系统的使用应该有等级区分，不同等级的管理人员能够进入的系统层次也是不同的，对于不同的人员分配不同的系统账号。同时，应该设置清晰的职能权限，如非必要，职能权限不应该出现交叉和重叠；要求管理人员具备相关的安全意识，保护好账号和账号密码，以免信息泄露。

对于信息保护还应该设置惩罚制度，如果因管理人员的个人主观疏忽或者是外来人员的入侵导致信息泄露，应该对管理人员或者入侵人员进行相关惩处；如果存在学生盗用账号的情况，也应该惩罚相关学生。通过惩罚制度，可以反向促进管理人员和学生对信息保护的重视，增加信息的安全性。

五、创新高校学生管理技术支持体系

（一）加大硬件方面的投入

要真正实现学生管理工作全面信息化，必须加大投入力度，不断完善学校信息系统基础设施建设。信息化建设的硬件基础包括计算机、网络配置等，都是学生管理工作信息化的物质前提。高校学生管理信息化要在国家科技计划管理改革的总体精神指导下开展，要以计算为核心、网络为基础、应用为导向、安全为保障作为指导思想，时刻关注信息产业的发展方向，不断寻求核心技术，以期取得基础性突破。

高校学生管理信息化应尝试以建成的校园网为骨干，加强新信息技术应用，最终达到创新应用模式的目的。要依托各种信息化系统与技术，对信息化的实用性功能予以充分重视，主动整合自动办公系统与办公资源，并借助网络形式实现流转和共享。除了自身资金投入外，还要积极引入市场机制，通过与信息化企业合作，加大基础设施建设力度，从而全面提高学生管理信息化水平。

（二）创新使用物联网与 LBS 技术

目前，我国高校工作的重中之重是保障学生安全，创建平安校园也是高校的重要任务之一。但是，为学生提供尽可能多的服务，做好日常管理，保障学生在校生活的安全，是各高校需要解决的问题。随着科学技术的发展，物联网在高校内部得到越来越广泛地应用。物联网的优势在于能够运用无线数据通信等技术进行信息收集，然后对所收集到的信息进行分析处理，再发送给用户。因此，在高校学生日常安全管理工作中可以充分利用这一优势，比如，在教室、图书馆、寝室等地方放置相关感应器和识别设备，在学生进入和离开区域时，手机会发出提示或警告；感应识别系统还可以使学生在进出某些区域，如宿舍楼、图书馆时，通过一卡通等方式完成开关门，一方面方便了学生的学习和生活，另一方面加强了学校各区域的安全系数，保障学生的安全。对于管理者来说，通过物联网随时掌握学生的准确位置，在预防和及时处理事故方面具有重要的作用；学校还可以把 RFID 读取器架设在寝室大门口、教学楼入口、图书馆和教室等地方，为学生的手机或一卡通中安装 RFID 标签，这样，每天学生离开寝室时，手机会提示学生需要的书籍或需要参加的活动等。

基于位置服务（Location Based Services，简称 LBS）是刚刚兴起的一项技术。如果物联网在管理学生方面相对被动，LBS 则完全可以主动地为学生管理工作提供方便。因此，LBS 完全可以应用到高校学生管理工作中。例如，上海财经大学开发了一款名为 iSufe 的应用 APP，这款 APP 所具有的校园地图功能，可以准确定位手机持有者的位置，并且提供十分精确的位置路线导航。同时，这款 APP 还具有查找自习室的功能，手机主人可以使用手机定位迅速找到离个人最近的自习室空位。学生只要在手机上安装程序，就可以轻而易举地根据程序给出的路径，找到有空位的自习室，节约了大量时间，提高了学习效率。

（三）创新使用新媒体技术

新媒体是在信息化和数字技术支撑体系下出现的媒体形态，其通过计算机网络、无线蜂窝网、卫星等介质，给人们提供诸如数字报纸、数字杂志、手机短信、移动电视、网络、数字电影、触摸媒体等服务。新媒体可以大致分为以下三种类型：

（1）互联网媒体。互联网媒体指在互联网上建立的一系列媒体形式，主要包括网站、微博和博客、网络媒体、网络广播与视频、搜索引擎、虚拟社区等。

（2）以手机为接收终端的媒体形式。这种媒体形式主要包括手机报、短信和彩信、手机广播和电视、手机上网功能等。

（3）以数字电视为基础的新媒体形式。这种媒体形式主要包括车载广播、车载移动电视和楼宇电视等。

如今，具有较强交互性、开放性和个性化特点的新媒体更为人们所喜爱，比较具有代表性的是微信、微博，很多学生很早就开始使用新媒体，在高校大学生之间的使用更是十分广泛。因此，在新媒体时代背景下，各高校应利用新媒体手段创新学生管理工作，探索和发展出新的工作方法，从而促进学生管理工作的不断进步和可持续发展。

六、创新高校学生管理绩效评价体系

高校学生管理信息化绩效评价体系，由高校信息化评估中的一系列指标组成，这些指标之间具有相互联系、相互补充的关系。高校信息化的绩效评价体系应该在信息化背景下更加贴近高校工作的实际情况，能够对高校信息化成效进行有效验证。高校信息化绩效体系要求其指标设计具有目的性，有利于高校必要制度和政策的出台，能够综合反映出高校学生管理信息化建设现状，在高校学生管理信息化工作发展过程中起到导向性作用。

高校指标体系的建立，除了借鉴和吸收教育理论和信息理论外，还要遵循高等教育信息化的科学概念和理论体系[①]。高校学生管理信息化绩效评价指标体系主要由以下六个方面构成：

（一）战略地位评价指标

高校信息化的战略优势地位是信息化成功的前提条件，决定信息化工作在学校整体工作中所处的地位。只有高度重视信息化工作，确定信息化的战略地位，才能保证高校信息化工作的资金来源，从而使其持续、顺利地开展。一般情况下，信息化的战略地位可以通过年度运营维护投资、年度资金投入占学校总投入的比例、信息化投入经费增长率三项指标反映出来。其中，信息化年度运营维护投资是学校投入力度的重要反映，要在信息化工作方面取得成功，必须有明确的规划以及充足的预算资金。

学校对信息化的实际投入情况，可以从静态和动态两个层面进行考察。静态层面指信息化年度资金投入占学校总投入的比例；动态层面则指经费增长率。学生管理信息化年度投入包括硬件基础设施建设、人员培训、信息系统开发与应用等相关方面的资金投入总额。

---

① 潘婷. 大数据时代背景下的高校学生管理工作探究 [J]. 中国成人教育，2016（06）：62–65.

（二）基础设施评价指标

信息化基础设施能够在一定程度上反映出高校信息化建设水平，也是信息资源开发和应用最直接的平台。信息化基础设施主要包括校园网出口带宽、个人电脑拥有率、校园网覆盖率及学生管理信息系统的普及率。

校园网出口带宽是基础设施的重要组成部分，是信息传输、交换和资源共享的必要手段，包括网络设备的规格和性能等内容，能够充分反映出学校通过网络与外界交换信息资源的速度。对校园网出口带宽指标的评估，可以随着网络技术的不断发展而调整标准。个人电脑拥有率指在校师生计算机的拥有率；校园网覆盖率表明学校内部网络的建设情况；学生管理信息系统的普及率，则主要指各职能部门在开展业务过程中信息化信息的使用比例。

（三）应用状况评价指标

在高校中，财务、教务、学生管理、招生和就业等管理系统都是以网络和信息化为基础，对这些系统的应用情况进行准确评价，是高校学生管理信息化工作的重点。这些系统能够充分体现出高校信息化建设成果，也能方便学校教育教学工作，切实提升工作效率。学校通过收集各个系统中学生注册数、系统和学校主页的每日访问次数，以及高校师生使用相关管理信息系统次数等指标，通过整理分析对相关应用的使用情况进行综合评价。

一般情况下，高校使用的系统必须是教育部指定或具有相关认证的系统，但对于已经通过教育主管部门认证的管理系统，学校可以从本校的使用实际情况出发，开发出更加符合学校实际情况的系统，从而更好地为学校服务。

（四）信息资源评价指标

高校信息化的重要内容之一，是学生管理信息资源，同时信息资源的开发和利用，也是高校学生管理信息化的核心步骤。

高校学生管理信息化建设具有系统化特点，其目的不仅是建设物理网络，也不是单纯应用管理信息系统，真正的目标是将学生、教务等全部信息资源收集整理好，并且能够让所有师生在一定条件和范围内共享。

（五）人力资源评价指标

人力资源是一切工作的基础，在高校信息化过程中也是一样的。可以说，确保以人为本的理念能够充分得到支持，这是高校信息化成功的重要保障，要求高校充分认识人才的重要性，招揽人才、重视人才，将人才作为信息化取得成功的根本。

一般情况下，对人力资源的评价可以由三个具体指标进行衡量，分别是一年内参加高校组织的信息化培训人次、高校信息化建设部门规模、给学校提供技术支持和运行维护队伍规模。具体来说，信息化培训人次能够反映学校对学生和教职工进行信息素养培训的情况；高校信息化建设部门规模能够反映学校参与信息化建设的力量；给学校提供技术支持和运行维护队伍的规模，则可以对高校学生管理信息化的后勤保障机制进行综合反映。

（六）组织机构和管理评价指标

对于高校学生信息化工作的组织管理水平进行评定，主要依据为高校信息化组织机构和管理评价。在实际工作中，对于组织机构和管理的评价，主要从两个方面进行考虑：在信息化建设中，应用教育部行业标准的程度，以及执行明确的信息化安全相关规范程度。

通过机构设置，对信息化主管部门进行职能和实际执行情况的考察，能够使信息化工作的战略地位和组织地位达到相辅相成的目的。规章制度的制定和执行，是保障高校信息化顺利运转的基础，对规章制度的考察层面，则由信息、网络和安全管理等措施的制定及实施情况共同构成。此外，高校聚集了各种网络信息人才，也是网络事故的高发地。为了避免网络安全问题的出现，迅速响应和解决已经出现的网络问题，高校必须要建立健全网络信息系统安全的响应和解决机制。

第四章　大数据背景下高校思想政治教育的新机遇

我国已经进入大数据时代，这种形势为高校网络思想政治教育创造了良好机会，这就要求高校网络思想政治教育工作者在开展教育活动过程中务必深入探索大数据时代特点，正确判断大数据时代的本质表现，并使其有效服务于高校网络思想政治教育工作。本章分别从大数据背景下高校思想政治教育的含义、大数据破解传统高校思想政治教育发展制约、大数据与高校思想政治教育现实需求相契合、大数据为高校思想政治教育带来创新契机等角度进行探讨。

第一节　大数据背景下高校思想政治教育的含义

一、高校思想政治教育认知

高校思想政治教育指高校思想政治教育工作者通过科学的思想政治教育理论，针对高校大学生实施有计划、有目的、有组织的影响，从而使他们树立起新时期社会主义的共同理想以及崇高信念的一种实践活动。人是社会发展的决定性力量，也是历史唯物主义的根本观点，只有提高人的素质，才有可能实现生产力的解放和发展，继而带动生产关系的进步，最终实现共产主义理想[1]。高校思想政治教育内涵可以从三个维度进行剖析：

第一，有目的、有组织地进行思想教育。高校思想政治教育通过对《马克思

---

[1] 邓国峰，庞智. 大数据技术在高校思想政治教育中的应用研究 [J]. 广西社会科学，2018，No.276（06）：18-22.

主义基本原理概论》讲授，使学生更好地掌握世界观和方法论的有关知识，在社会中解决主观见之于客观的实际问题。

第二，对学生进行道德教育。在高校中，学生通过学习《思想道德修养与法律基础》形成正确的行为规范，进而认同这种行为规范，成就"德性"，最终体现为高尚的"德行"。

第三，对学生进行政治教育。对高校学生进行政治理想、政治信念和政治观点的教育与渗透，使学生形成正确的理想信念，其中既包括爱国主义、社会主义教育，又包括对祖国、对中国共产党和对人民无比忠诚的教育，强化民主法治意识与主人翁精神，了解并接受我国公民参与政治生活原则，促进公民的政治社会化完成。

（一）高校思想政治教育的主要特点

人的身心发展是依据一定的客观规律进行，一个人从小学到大学都在接受思想政治教育，而针对不同年龄的人群，思想政治教育呈现出阶段性的特点。在小学阶段，思想政治教育是对学生进行养成式的行为教育，培养学生的爱心、信心以及社会责任感，增强自我保护意识；初中阶段的思想政治教育与小学阶段相比，将教育内容提升到道德与法制阶段，教学方式方法也发生了变化，从养成式的寓教于乐变为理论性较强的学科，涵盖的知识也变得丰富起来；在高中阶段，思想政治教育主要面对的是 16 ~ 18 周岁的"准成年人"和"初成年人"，主要讲授的课程包括经济常识、政治常识、文化常识以及哲学基础，由于高中生身心发展相对成熟，同时又作为大学生的"预备队"，需要掌握有深度、有高度的知识，为进入大学甚至进入社会做好知识储备；到了大学阶段，思想政治教育内容和方式方法又发生了变化，主要有如下特点：

第一，理论与实践的联动教育特点。与基础教育阶段不同，高校学生的生理年龄一般为 18 周岁以上，在法律意义上已是成年人，能够对自己的行为负责。但在实际操作中，高校学生的心理年龄依然处于不成熟的状态，主要表现为自我意识突出。这种心理因素反映在教学中，表现为学生对于世界的黑白曲直有着自己的判断和理解。因此，高校思想政治教育工作者在教学过程中，注重理论教育与实践操作相结合，通过感官上的刺激和实践中的体会影响学生，继而让学生接受思想政治教育相关理论。

第二，关注学生的个性化发展特点。高校给学生自由的空间，使学生个性得到释放，也暴露出很多问题。因此，完善学生的性格是高校思想政治教育的重要内容，需要教师从多方面了解学生的世界观、人生观和价值观，以便在教育教学中更加主动。

第三，与其他学科存在交互性的特点。高校的立校之本在于立德树人，高校思想政治教育的学科目的是对学生在思想、道德、政治教育方面的正确引导，思想政治教育还要与其他学科进行交互式对接，将思想政治教育理论融入其他课程中，是现代思想政治教育的重要特征，将立德树人与专业技能结合在一起，使学生在实践中树立科学的世界观，为社会培养出合格的建设者和接班人。

（二）高校思想政治教育的实效性

思想政治方面的教育对高校学生有三个层面的教育效果，分别是政治、思想、道德三个方面。政治层面的教育效果，主要是为了检验学生是否认同我国现阶段的制度及国体，进而判断其是否认同我国新时代背景下的经济建设及相关的政策法规；思想层面的教育效果，主要是为了检验学生对马克思主义观点的掌握情况，也就是辩证唯物主义观点和历史唯物主义观点的区分情况，是否将所学知识学以致用；道德层面的教育效果，主要是为了检验学生是否认同我国现行的法律及法律制度、是否形成了正确的社会主义核心价值观。

高校思政教育主要通过以下两个方面体现实效性：

一是高校思政教育的教学效果持久。大学生在高校形成的思想政治体系，将会伴随他们的一生，并产生有效持续的作用力。

二是高校思政教育通过塑造学生的世界观，进而促使学生树立正确的"三观"。学生只有在实践中才能体现学校对思想、道德及政治教育的效果，大学生接受思政教育的主要场所是大学而非社会，这便为教学效果的检验增加了一定难度，因此这既是高校思政教育的特征，同时也是需要进一步改善的问题。

（三）提升高校思想政治教育实效性的价值体现

提升高校思想政治教育实效性的价值主要体现在以下两个方面：

1. 为新时代中国特色社会主义建设提供保障

随着时代的不断发展，经济的全球化、思想的多元化、世界的多极化充斥着现代社会，我国的社会结构也呈现复杂多变、不可逆转的形态。生长在新时代的大学生们，在社会大环境影响下，其思维方式、知识层面都与过去的学生有所差别，这对大学思想政治教师提出了挑战。在新时代发展的背景下，不论是国内还是国外都面临复杂的社会发展形势，这便需要大学思想政治教师全面掌握国内外社会发展现状，运用理论结合实践的方式，用实践不断地检验理论的正确性，从实处解决社会大环境下存在的各种问题，促使大学生面对繁杂的本土文化及一些外国思想，逐渐形成明确的价值体系与认知能力，进而成长为建设社会主义的优秀人才。因此，高校思政教育产生的实效性，是构建我国社会主义的意识形态保障。

2. 促进大学生全面发展

大学生是社会主义建设的中坚力量。提升大学思政教育的实效性，可以有效锻炼学生的综合素质，这也是新时代背景下社会主义建设对大学生提出的要求。思想政治教育对高校学生有三个层面的教育效果，分别是：政治、思想、道德三个方面。

政治教育注重大学生对现行的政治制度的基本认同感，涵盖大学生对我国的经济建设政策以及相关的发展战略。思想教育注重学生对历史唯物主义与辩证唯物主义的了解情况，学生是否可以对此展开合理的分析与实施科学的解决方法。道德教育关注大学生对我国的社会制度及相关的法律法规的认同感，关注是否形成了正确合理的社会主义核心价值观。

因此，提升思政教育的实效性，对大学生综合素质的提升以及个性化发展有着重要的作用。

二、大数据背景下高校思想政治教育的创新

在新时代的大数据背景下，研究高校的思政教育，就是在研究思政教育关于教学方式的创新、理念的改革、效果的提升等内容，大数据技术与高校的思政教育相互融合，势必带来主体性强、实效性强的教学效果，有助于宣传思想工作，进一步为教育人才打下基础；有助于培养学生个性，真正地实现"以人为本"；有助于掌握先进的科学技术，进一步实现科学化的教育理念。

借助大数据的媒介作用，积极运用对教育的引导功能，进一步创新高校思政教育理念。这里的创新，要求教育工作者合理运用大数据的相关理念、资源，以及科学技术，践行高校教育在思政方面的革新，着眼点是大数据特有的新的理念、新的资源以及新的技术。因此，在高校的教育改革过程中，思政教育是创新的主体，而大数据的相关理念是创新的客体，主客体的相互协作，可以逐步实现新时代大数据背景下，高校思政教育的全面创新与改革。

（一）大数据背景下高校思想政治教育创新的特征

大数据与高校思政教育的融合创新，具有一定目标性、风险性以及价值性，除此之外，从宏观的角度来说，又具有以下三个层面的特殊性：

1. 高度融合

大数据与高校思政教育的融合性极高，这也是创新的特别之处。这里的融，是和谐、融洽的意思，呈现的状态是两者高度的融合的结果。同时，这其中也映射出大数据的相关技术已经在高校思政教育过程中得到充分应用，此外，大数据的理念、先进的观念也应融入高校的思政教育体系中，充分发展大数据的科学技术，完善大数据的基本设施，积极满足高校教育过程中的实际需要，为大数据在高校教育过程中的应用提供坚实的基础，以及人才与制度方面的保障。

当今社会，大数据技术在网络、经济及公共事业方面，已经得到了充分地运用。而大数据技术融入高校的思政教育体系，是一种创新的教育方式，同时也是教育理念的改革。在高校的思政教育中融入大数据技术，首先要深入、全面地对大数据有一定了解，能够合理地应用大数据资源，如此大数据便可与高校思政教育达到统一融合的效果。

2. 主体性强

大数据技术与高校思政教育的统一融合，与相关的教育工作者及受教育者的分不开的。此二者的主观能动性关乎教育改革创新的进程。

在新时代发展的背景下，大数据技术应运而生，在高校的思政教育体系中创新地融入大数据技术，要求有过硬的技术支撑及科学的法规制度做后盾，教育工作者应积极发挥主体能力，科学合理地运用大数据技术。同时高校的教育管理层，应完善相关的制度与政策，为大数据运行提供保障。而对于执行层要深入探索发展方式，提升自我的数据意识，合理运用相关的大数据技术。教育接受者应充分转变传统的学习及互动模式，积极提供更广阔的数据范畴。例如，在学习的过程中，线上提更全面的需求，使相关的教育工作者可以获得更翔实的信息资源，进而使教育方式得到进一步创新与改革。所以说，大数据与高校思政教育的高度结合的鲜明特征是具有较强主体性。

3. 求实性

在高校的思政教育体系中创新融入大数据技术，其另一个创新特征便是求实性，这是大数据的本质特性。大数据对事性的发展情况及实际存在意义会做出客观的反映，这是求实性的具体表现。高校思政教育与大数据的创新融合，体现了尊重实际、实事求是、追求实效、顺势而为的求实性特征。

一是尊重实际。高校的思政教育中融入大数据技术，可以客观表现出教育发展过程中存在的问题，进而有针对性地解决，以大数据与高校思政教育的统一价值为切入点，才能更大程度地体现大数据的功能。

二是实事求是。我国现阶段的高校思政教育可以运用大数据，分析实际生活中的一些数据，进而优化思政教育体系，为未来的实践工作服务。

三是追求实效。提升实效性是高校在思政教育过程中需要解决的问题，因此，在运用大数据技术的过程中，要注重思政教育的创新研究，同时着重培养实践能力，时刻关注创新教育的效果，进而完成思政教育的任务目标。

四是顺势而为。时代的变化在不断地进行着，所以思政教育观念也要做到顺势而为。大学生的主体意识较强，同时其情感变化、思想观念受到周围多种因素的影响。大数据技术虽然可以实现采集学生行为数据，但是这样的技术仍然处于初始发展时期，相关技术应用仍有一定局限性，同时大数据也存在价值密度较低的特性。因此，在使用大数据时，仍然要依据现实情况，分析、调整相关数据。

（二）大数据背景下高校思想政治教育创新的价值体现

1. 助力思想政治宣传工作，夯实育人基础

高等教育可以不断开展的重要原因是，始终坚持以科学理论为指导，明确社会主义为发展方向，以大学阶段的思政教育为切入点，宣扬我国重要的社会思想，筑牢意识形态，这是重要的教育手段。在新时代背景下，宣扬我国重要的社会思想面临着诸多严峻挑战，这便要求教育工作者要与时俱进，以思政教育为切入点，注重提升自我的思想水平及相关的宣传能力。

第一，在大数据时代背景下，大量的数据信息在潜移默化地影响着人们的日常生活，这也为高校的思政教育的宣传提供了素材，这样的素材还具有一定的"鲜度"与"热度"。借助大数据技术创新改革高校的思政教育，进一步丰富了信息资源，也突破了传统高校思政教育工作的缺点——单一性，丰富生动的教育资源，填补了思想宣传工作的乏味性，顺应时代发展，迎合舆论热点的相关数据吸引着广大学生，化解了文化信息发展过程中的供需矛盾，使得教育发展更具凝聚力。

第二，大数据是现代社会重要的技术手段，可以实现收集各类行为的相关数

据，通过一定的计算方法与技术处理，进行智能推送。网络已经是当代大学生不可或缺的生活方式，智能推送也为生活带来更多的方便，这也是高校思政教育思想宣传改革与创新的方式之一，同时也为思想宣传的相关工作带来了精准与效率。通过大数据精准识别的作用，加强了思想宣传工作的影响力，使其更精准地渗透到所需的地方，进而提升了这项工作的说服力，以更具感染力与吸引力的教学效果，提升高校思政宣传工作的实效性。

第三，大数据通过对相关数据的收集、分析、探索，进而得出相关结论。这在相关的技术领域有着重要的研究价值，对于高校思政教育来说，对分析学生所表现的行为动向具有重要的作用，同时，对思想宣传工作的工作计划也具有重要的研究价值。通过大数据相关技术深入分析高校思政教育相关的宣传工作，可以得到直观的数据分析结果，以此为导向，可以更深入、更广泛地开展思想宣传工作。因此，大数据的应用是以科学、合理的方式助推思想宣传工作的发展，进而减少相关工作的盲目性与不确定性。

思想宣传工作一定程度上在指引着高校的发展方向，也是高校思政教育的动力源泉。大数据具有丰富的资源、先进的技术及创新的思维方式，这无不在促使高校思政教育思想宣传工作的创新与热情、精准与高效、深入与广泛，同时也增强了意识形态的建设及教书育人的实效性。

2. 助力个性化教育工作，践行以人为本的理念

高校在思政教育方面秉承的理念是以人为本，践行的准则是给予学生充分的人文关怀。纵观历年来国家出台的相关政策与文件不难看出，以人为本是最基本的教育理念，学生的个性化教育是实现高校对学生人文关怀的重要渠道。

在新时代的发展背景下，高校的学生受到更丰富的文化元素、更复杂的生存环境的影响，教育接受者的主观能动性尤为重要。为使高校思政教育工作者与受教育者间的关系更为融洽，实现塑造与培养优秀人才的教育效果，所以达到教育接受者的个性化发展已经迫在眉睫。个性化教育模式在实施之初，首先要关注社会主义建设所需的人才，同时，也要充分了解思政教育接受者的自身情况，进而摸索适宜广大学生身心发展的教育模式，达到精准的资源投入；进一步提升高校思政教育对现实问题的解决能力，教育效果应既教育学生，也在鼓励学生，同时给予学生足够的人文关怀。

在发达国家，大数据在教育方面的应用已经相当普及，随着我国大数据技术

的高速发展，思政教育中也在不断融入大数据技术，相关数据得到了深入的分析与关注，对每个学生进行"画像素描"，对于高校的思政教育体系的个性化发展具有重要意义，在某种程度上也在践行着以人为本的理念，最终实现高校思政教育精确、合理、高效的教育目标。

3. 助力大数据优势，实现科学化决策

决策是为解决某一问题，或达到一定目标做出的选择，是一个提出问题、确立目标、设计和选择方案的过程，是决策者的思维由感性上升到理性，再指导实践的重要活动。决策的正确与否、科学与否，直接关系到整个高校思想政治教育工作能否顺利开展，以及能否取得理想效果。

大数据带来开放、复杂、多变的环境，使传统决策方式面临新的考验。因此，制定具有客观性、系统性、针对性、前瞻性的科学化决策，成为大数据背景下对高校思想政治教育决策的新要求。高校思想政治教育通过融合大数据创新，借助大数据的数据化处理技术，有助于扩大决策者的信息源，借助云计算、大数据分析等技术，可以在一定程度上避免决策的主观性；通过大数据挖掘和整合，将反映思想政治教育对象行为动态的所有数据进行收集，形成整体性的信息链，有助于制定系统性的谋划方略；通过大数据精准追踪技术，勾勒出每一个人的"数据图像"和思想"变化曲线"，有助于强化高校思想政治教育决策的针对性；通过共时性数据信息的全面化收集和历时性数据信息比较以及相关性方法的运用，有助于推进高校思想政治教育决策的前瞻性。总之，在大数据背景下进行高校思想政治教育创新，能够有效借助大数据优势，提升高校思想政治教育决策的科学性。

第二节 大数据破解传统高校思想政治教育发展制约

一、大数据推动高校思想政治教育信息化发展新阶段

随着世界的发展和时代的变化，信息在人类生活中发挥着越来越大的作用，其重要程度能够与物质和能量相提并论，成为基础性资源。人类通过获取信息，了解、认识和把握事物的内涵和发展规律。在高校思想政治教育过程中，信息起到了活动中介的作用，具有呈现、建构、引导、消除不确定性等作用。

高校思想政治教育信息分为系统内和系统外两部分。系统外部信息包括能够影响高校思想政治教育的资源，比如，丰富的育人资源和多元化的社会思想等；系统内部信息主要包括高校思想政治教育者与教育对象在沟通交流过程中产生的信息，还包括高校运行、管理、评价和反馈思想政治教育等活动时产生的相关信息。信息对开展高校思想政治教育工作十分重要，但是高校缺乏获取这些信息的能力。物质与能量是高校思想政治教育存在和发展的必要因素，但是由于环境的同质性和稳定性的原因，信息及其技术和产业的重要程度远不如物质和能量的重要程度。只有有了需求，才会主动获取信息，现在信息的需求量较低，人们并不重视信息化，也无法提高信息能力。综上所述，从主观和客观两方面分析，传统高校思想政治教育的信息获取能力有待提高。

目前，我国已经进入大数据时代，这为高校思想政治教育的信息化从外延式发展到内涵式发展提供了客观条件，有利于提升高校思想政治教育信息获取能力。高校思想政治教育信息化的早期，以高校信息化建设为前提，将更多精力放在技术层面上，而忽略了信息获取，没有充分利用信息。进入大数据时代后，高校思想政治教育信息化由技术层面逐渐转向信息层面。

第一，进入大数据时代后，高校思想政治教育对信息的需求逐渐增加。大数据影响着社会的各个领域，年轻人能够轻松地获取想要的信息，导致教育主体和客体获得的信息存在偏差，从客观上分析，信息已成为高校思想政治教育的重要元素，因此，高校思想政治教育要加强信息化的发展，提高信息化获取信息的能力，以获取更多信息。

第二，数据化的思维模式使高校思想政治教育改变了信息的应用方式。前期阶段，信息化促进了高校思想政治教育数字化的发展，怎样才能将数字变为有用的数据信息，通过数据化处理，详细地描述和分析某一件事，详尽记录、分析和重组数据，数据化还可以分析情绪和态度。

数据化思维模式影响着人们的思维模式，世界上任何事物都可以数据化，世界就可以被理解为是由数据组成的。在高校思想政治教育过程中，可以充分地挖掘、分析、关联和重组思想政治教育资源，利用数据化的思维和方式发现有价值的信息，分析收集数据化或非数据化的信息，并充分利用。

网上的不同的行为映射到不同信息采集系统，就像物理世界映射到互联网世界而产生的镜像世界。世界上不同的思想政治教育对象对应着不同的信息，具有不同的实践体验，比如现实生活的、虚拟的、家庭的和社会的等，利用数据化对上述信息资源进行处理，能够获得有用的信息。因此，数据化思维模式为高校思想政治教育打开了一扇新的"窗户"，高校思想政治教育开始重新认识信息、重视信息。

第三，大数据有利于高校思想政治教育信息化工作的开展。2018年4月，国家教育信息化计划逐步开展和推进，以大数据为载体有效推动了教育信息化的全面发展。高校思想政治教育是教育的一种特殊形式，通过大数据能够有效提升信息化水平。大数据加快了智慧校园的建设，促进了高校思想政治教育信息化的发展，智慧校园能够快速地检索到需要的信息，并提供大量、多样的信息。

第四，大数据有利于线上学习模式快速发展，慕课、翻转课堂和微课受到学生的欢迎，这些课程有利于高精尖思想政治理论课的推出和发展。大数据技术关联和重组各种资源，曾经传统思想政治教育不能传递的信息，现如今都可以通过大数据呈现给教育者和学生。无论是线上教学模式的兴起，还是信息获取能力的提升，都是大数据助推高校思想政治教育信息化发展的结果。

因此，大数据有利于高校思想政治教育思维模式和教育理念更新，有利于教育教学方面的创新，大幅增加了高校思想政治教育对信息的需求，使得高校思想政治教育信息化迈入新的篇章。

二、大数据开启高校思想政治教育主客体交互新境界

高校思想政治教育主客体的关系是维系高校思想政治教育体系运行最直接的关系形式，在高校思想政治教育所有的关系要素中，公司关系应当始终是强关系，是维系高校思想政治教育体系运行最直接的关系形式。在社会学中，强关系是一种直接的、维系事物发展情况的关系存在，而弱关系则是一种间接的关系呈现。在高校思想政治教育中，为强化教育主客体的关系，两者应当时刻保持紧密联系，并不断强化两者之间关系的质量和形式，两者关系处理得是否得当、发展是否和谐，直接关系到高校思想政治教育的成败。大数据的独特优势对弥补传统高校思想政治教育主客体关系弱化的缺陷提供了可能，为强化高校思想政治教育主客体的交互性开启了新境界。

首先，大数据时代，数据的海量性和开放性使每个人获取信息的方式更为平等和便捷，为消除传统时代环境下教育者和教育对象在知识信息获取方面的信息

差现象提供了可能。随着思想政治教育客体信息渠道的拓展和信息量的扩容，主动性和能动性不断增强。同时，大数据推动高校思想政治教育线下、线上协同联动，打破思想政治教育主客体交流的时空限制，为消解主客体关系的单向度发挥着潜移默化的作用[①]。

其次，大数据技术的全息式监测功能，能够实现对人的动态评价，精准定位需求。数字化的生存状态使得每个人都是带有自身明显特征的数据综合体，大数据技术通过对个体进行全息监测，获取个体的全样本数据信息，通过对全样本数据信息的分析，实现对个体和群体思想行为态势的及时判断与掌握。大数据技术的这一强大功能，能够助力思想政治教育主体对教育客体的全面认知和深入了解，把握教育客体需求的差异性和多样性，做到因材施"教"、精准施"教"、个性化施"教"，使教育客体愿意"学"、乐于"学"，消除"教"与"学"的二元对立和相互分离。

再次，大数据本身就是宝贵的资源，在大数据技术助力下，各类结构化、非结构化的资源得以数据化处理、可视化呈现，实现由点到面、由静到动、由量到质的飞跃。大数据的这一优势，对于丰富高校思想政治教育资源，增强思想政治教育资源的生动性和表现力效果明显。借助大数据对教育客体行为的检测与思想调研，有助于发现思想政治教育客体思想与行为之间的关联性，将思想表现化解为微观行为，从而将宏大的思想理论说教转化为日常行为引导，增强其亲和力。通过大数据还可以进行资源的合理分配和方法的关联重组，使高校思想政治教育更具针对性。通过大数据平台监测，从源头和结果两个端口，在高校内部信息化平台构建从教育规划到教育评估的大数据信息链闭环，做到及时动态的教育反馈，修正并完善教育决策和实施方案。

总之，大数据在强化思想政治教育客体主流意识形态认同感并关注思想政治教育现实问题，提升思想政治教育主客体之间关系的质量提供了有效方案。

三、大数据丰富高校思想政治教育方法新形式

大数据时代之前，高校思想政治教育以往的管理方法、研究方法和评价方法有利于主流意识形态宣传、有利于思想政治教育工作开展，受到了年轻人的欢迎。

---

① 李霞玲，李敏伦. 信息化背景下高校思想政治教育协同机制的构建 [J]. 学校党建与思想教育（高教版），2019，000（017）：68–71.

大数据为高校思想政治教育提供了更广阔的平台，使教育方法和教育形式更加多样。

第一，进入大数据时代后，人文社会科学与计算机信息科学的联系越来越紧密，人类的行为可以通过数据进行收集、分析和利用，大数据的应用打破了人文社会科学以往的研究方法，人们利用大数据分析人的行为。

现在的网络课程形式多样、内容丰富，质量也很高，校园媒体和自媒体也逐渐发展起来，这些都有利于高校思想政治教育与计算机科学的结合，高校思想政治教育对象在网络浏览和学习过程中，留下了大量思想动态数据和学习数据，高校思想政治教育可以收集和分析这些数据，从而掌握教育对象的情况。传统的研究方法主要以逻辑推理和理论假设为主，新的研究方法能使高校思想政治教育研究更加科学有效，弥补了传统方法的不足。

第二，大数据有利于社会更加智能化。以大数据为依托，智慧校园正在如火如荼地开展，高校利用大数据建立数据库，使之成为关键的高校基础设施之一。从思想政治教育管理角度分析，大数据提供的信息丰富多样、更加全面，能够体现出数据之间存在的关联，还能将数据重组，这种客观性的数据能够使管理更加科学有效。大数据的发展方向是开放与共享，加强了高校思想政治教育各个部门之间的沟通和交流，在交流中，各部门之间交换思想，相互提出宝贵的建议，使高校思想政治教育的管理更加民主。

第三，进入大数据时代后，所有的事物都可以被数据化，人们可以从不同的角度和维度认识和探索世界的复杂。在高校思想政治教育与计算机科学结合的过程中，高校思想政治教育也开始被数据化。大数据记录了不同阶段的思想政治教育过程，记录了思想政治教育的不同形式，同时，教育对象也被数据化了，教育对象生活和学习的多种信息被记录下来。利用上述信息就可以建立评价机制，评价机制的特点主要包括即时性、动态性和全面性，传统的评价机制是静态、以结果为主的和片面的，因此，新的评价机制与传统的评价机制相比，更适合高校思想政治教育。

第四，大数据具有数据分析技术和数据挖掘技术，这两项强大的技术有利于传统思想政治教育载体的"技术赋能"，将传统思想政治教育的线下载体转向线上，从而将智慧校园建设和数据研究方法相结合，产生载体合力效应。大数据凭借将所有物质数据化和"技术赋能"的功能，向高校思想政治教育提供了更加实效、规范、科学的教育方法，开拓了高校思想政治教育的路径，有利于高校思想政治教育的探索和创新。

第三节 大数据与高校思想政治教育现实需求相契合

大数据不仅有助于破解传统高校思想政治教育发展制约，还能够凭借其资源、技术、思维优势，与新形势下高校思想政治教育资源需求的多样化、实践发展的多元化及思维转变的时代化相契合。大数据空间全覆盖、时间全天候的特征，为高校思想政治教育提供了新型的海量数据资源。

大数据由零散分割向集聚共享、由孤立隔离向协同共治、由主观决断向科学预判等功能，为高校思想政治教育实践发展提供了技术支持；高校思想政治教育思维观念的转变，也与大数据的全样本、复杂性等特征相关。综上所述，大数据是与高校思想政治教育发展需求相契合的价值体现。

一、大数据与高校思想政治教育资源多样性的需求相契合

随着信息化的发展和外部环境的复杂化，高校思想政治教育不仅要丰富和充实自身内容，增强其时代感和吸引力，还要深化对思想政治教育对象的认知，同时提升思想政治教育管理，使之更加科学高效。无论是内容的丰富、认知的深化，还是管理的优化，都需要海量的数据信息资源作为支撑，而大数据契合了高校思想政治教育对资源多样性的需求。

（一）大数据提供了更为丰富的文化资源

与人类生产或生活相关的文化活动的开展主要涉及人类的精神层面。思想政治教育的开展离不开文化资源的支持，文化资源的加入也为思想政治教育的开展提供了更多的选择。因此，高校的思想政治教育工作要积极融合符合当今时代发展特征，且能够满足学生的精神需要的相关文化资源。在引入文化资源的过程中，要注意引入丰富性的文化资源，以及与教学需求相符合的文化资源。

当今时代，世界发展迅速，充满了网络和技术的渗透。在这样的时代下，人们的思想容易受到外来文化的冲击，尤其是大学生，他们处于接受新鲜事物的前

沿，因此，思想政治教育一定要发挥出自身对大学生精神及价值观念上的引导功能，让大学生接受正确的思想教育，把大学生培养成符合新时代要求的建设者和接班人。在思想政治教育的过程中，要从我国优秀传统文化出发，以我国的优秀文化为大学生的思想提供精神财富，利用文化的育人功能培养新一代接班人；除此之外，还应该善于结合网络文化，紧跟时代的发展步伐。

信息技术的发展速度、发展优势使人们生活的各个方面都逐渐被互联网渗透，人们的生活越来越离不开互联网。在这样的情况下，以往受到损坏的传统文化资源有了新的保存方式，资源可以利用数字化的网络展开修复，也可以通过数字化的方式保存，并传承下去。

总而言之，在优化思想政治教育的内容时，思想政治教育工作者可以利用网络上的文化资源，从资源中挑选出适合思想政治教育教学使用的资料，并分析资料和资料之间的关联，通过分析和探索给出新的结论，为文化的研究工作开辟新的道路，而且对传统文化的分析和探索是对文化的二次传播，有助于发扬文化。

（二）大数据提供了更为多元的认知资源

在高校展开思想政治教育的本质目的是要实现学生的整体发展，因此，一定要从学生的角度出发，全面了解学生，这是思想政治教育能够开展的前提，只有全面、整体、客观地了解了学生，才能够判断出思想政治教育的发展方向。对学生的了解包括了解学生个体的特征，还包括了解学生整体表现出来的特征，特征既包括思想方面，也包括行为方面。

在以往高校开展思想政治教育时，更注重政治因素，作为受教育的学生，往往是被动、服从的，可以说，传统思想政治教育忽略了学生的需求，缺少对学生的了解。应该意识到思想政治教育的开展不仅要坚守政治因素，还要了解受教育对象，也就是学生的个人需求和情感变化，这需要高校思想政治教育改变以往的服务方式和教育方式，以学生为主体，关照学生的发展，为学生服务，制定出适合、有针对性的方案。从教育的角度来讲，思想政治教育不管是了解学生的情感变化、思想变化，还是以受教育者为教学主体，都需要充分了解学生个体，并在了解的基础上展开分析，只有这样才能达到思想政治教育的目的。

以往由于技术手段不发达，高校无法全面统计学生的学习数据、生活数据，甚至是思想变化，而且在技术没有普遍应用的情况下，学生也很少使用能够被数据记录下来的方式学习、消费，因此，思想政治教育者想要收集学生的数据也是非常困难的。一般情况下传统的思想政治教育在收集学生资料时使用的是抽样调查的方法，通过抽样调查来了解学生需求。但是，抽样调查法调查的对象是有局限的，能够获得的数据资料也是有限的，这导致的研究结果不精确，不能够体现出所有学生的整体思想变化、整体行为特点，而且这种方式得到的结果，反映的是学生的群体性特征，无法精准地表现出学生个体的需求，调查没有精确性、针对性，学生的一些个人真实需求容易被忽略，导致无法挖掘出一些隐性问题。高校在开展思想政治教育工作时，很难从调查的结果当中获得有效的信息，调查也无法对思想政治教育工作的开展产生较大的影响。这种情况在当今社会尤其明显，因为当代的大学生都非常具有个性，个性的不同使他们产生的需求也不同，有非常大的差异，使用抽样调查的方法不能使大学生的个性化需求得到满足，因此，思想政治教育工作迫切需要掌握所有学生的大数据材料。

大数据的发展打破了以往思想政治教育工作者只能使用抽样调查方法的现状，思想政治教育工作中可以利用大数据的方法对所有学生进行全面的数据分析，通过大数据，教育者能够深入了解和认知学生的思想发展、行为倾向，大数据利用的是现代信息技术，能够获取的数据量非常大，全体的数据都可以被记录下来。需要注意的是全体既包括结构化的，也包括非结构化的数据，它获得的数据不是抽样得来的，是全面、所有的，而不是部分的。

互联网技术的出现为人们的生活提供了更多可能，人们利用网络搜索信息，利用网络购物，利用网络进行信息交流，通过网络人们的价值观念、思想情感，以及需求得到了表达。与此同时，也被互联网记录了下来，最终以数据化的方式被保存、分析、使用，它们统称为数据资源。

在全面分析学生数据、利用学生数据的情况下，思想政治教育工作的开展更加完善、优化。思想政治教育工作者能够全面了解学生的静态发展、动态变化，由浅入深、由点到面，实现了从局部到整体的跨越，而且可以从整体的角度出发，系统观察学生的行为变化、情感变化，从而更精准、更具有针对性、更个性化地为学生提供教育引导。可以说大数据的出现，加强了思想政治教育工作者对学生思想行为的认知，也为后续思想政治教育的发展提供了支持，有助于为学生提供更加个性化的教育方案。

（三）大数据提供了更为全面的管理资源

高校思想政治教育管理工作的主导者，是管理者和被管理对象这一对矛盾关系，教育管理是确保高校思想政治教育顺利开展的有效保证。在整个管理过程中，又衍生出很多一般矛盾，包括教育者与教育内容、方式的矛盾，教育对象与教育环境、教育评价机制的矛盾，教育效果与教育目标的矛盾，等等。要协调、平衡这些矛盾，良好的管理机制必不可少，通过良好的思想政治教育管理不断发现问题、处理问题，才能有效推进思想政治教育过程，理顺过程中的各种矛盾关系，而良好的管理机制构建是建立在对海量事实分析基础上的。

从高校思想政治教育管理的起始环节——计划决策来看，高校思想政治教育是一项旨在改造人的主观世界活动，所以制订管理计划时，在不违背党性原则基础上，还应根据社会环境和管理客体的实际确定符合现实的管理方案。

计划决策的第一步是掌握充分的决策信息，为科学决策提供大量可靠的事实材料。在高校思想政治教育组织实施环节中，管理工作者在把计划内容的理性力量转化为客观物质力量的同时，发现思想政治教育运行实践中与计划不相吻合之处，从而产生新的信息资料，这些信息资料只有被合理收集和利用，才能够为进一步完善思想政治教育管理提供依据。在督促检查环节，无论是管理主体，还是管理客体，都会随着新情况的出现而产生新的信息，对这些信息的分析和了解，是优化管理决策、增强管理科学性的有力手段。

在高校思想政治教育管理的总结评估环节，为保证评估的科学性，也需要搜集与管理效果相关的数据信息。尤其在使用舆论评估方法时，通过实地调查和大众传媒收集舆论信息、分析舆论走向，能够提高对高校思想政治管理工作评估的科学性。在信息反馈环节，更要仰赖大量的及时信息才能保证反馈的时效性，否则就丧失了反馈价值。

由此可见，在高校思想政治教育管理的任何一个环节，都离不开对信息资源的依赖，海量及时的信息资源是提升高校思想政治教育管理效度的保障。受传统思想政治教育管理观念影响以及科技发展水平限制，细致、完整的决策信息往往难以收集，而片面的、局部的管理经验易产生不合理的管理决策，造成教育活动的低效，以及教育资源的不合理分配，最终不利于人的全面发展。随着以人为本管理理念的凸显和现代社会信息传递方式的转变，高校思想政治教育管理亟待向规范化、科学化、民主化方向发展，这一发展目标对数据信息的需求日益迫切，而大数据发展和应用契合了高校思想政治教育管理的未来发展。

随着现代高校对先进网络技术的应用，数字化信息体系不断被构建，移动客户端也相继被开发并投入使用，推动了教育智能化发展，为识别和采集教育大数据信息提供了便利。基于外部技术环境的改善，高校思想政治教育各环节、各要素的静态数据和动态信息都可以数字化的形式被存储和分析，并将这些大数据资源共享和呈现，使得高校思想政治教育管理在计划决策之初，不仅可以得到诸如教育主客体现实需求、教育队伍建设现状、舆情倾向等之类的实时信息，还可以获取思想政治教育以往教学情况的记录和积累、思想政治教育以往的实践效果等历时性数据；不仅能够拥有教职工信息、教育投入、学生信息等静态数据，还能够拥有思想政治教育管理过程中基于各要素变化的动态数据。这些数据资源在类别上是结构化和非结构化数据的结合，在来源上是多元化的样态汇聚，如此丰富而又多样的大数据资源，为保障高校思想政治教育管理的科学性、提升管理效度提供了良好条件。

二、大数据与高校思想政治教育实践多元性的发展相契合

思想政治教育在发展过程中，始终以社会需求及人的需求为发展的根本，逐渐呈现出多元的发展趋势。发展状态不仅涉及领域，还涉及功能和形态。现如今大数据在思想政治教育领域的应用和创新与思想政治教育本身实践发展的多元性相互契合。

（一）大数据对高校思想政治教育领域发展的实践回应

思想政治教育的领域延伸主要体现在宏观领域、微观领域、未来领域，以及生活世界，这种领域延伸是以现代社会和学科领域的高度分化与综合并举为基础，是思想政治教育发展的必然趋势。

宏观领域的延伸，要求高校思想政治教育在国内层面立足社会主义现代化建设，敏感捕捉由于政治、经济、科技发展带来的一系列问题，广泛渗透于其间，形成发展的思想政治教育，以应对社会新领域出现的问题。在不断开放的时空中，在不同思想文化的交织、浓缩、分化、组合态势下，准确把握思想的动向和规律，发挥主流意识引导作用。同时，在国际层面要培养拥有面向世界的思想、道德、心理素质人才。为此需要高校思想政治教育置身于一个更高和更广泛的时空，了解其他国家尤其是西方发达国家的文化特点及生活方式，不断进行国际分析和比较。

思想政治教育向微观领域延伸，主要强调受教育者对社会主导思想的认同和

思想行为转化的过程。这个过程以活动主体的知、情、意、信、行为中心，重点关注多元化的思想和行为方式、行为变化等。

思想政治教育工作想要向未来发展，要求工作要有超前性和预防性，要主动探索适合未来发展的教育理论和教育方法。社会发展总是风险与机遇并存，因此，人们为了获得发展的优势会对未来的发展做出一定的预测。高校思想政治教育也一样，为了更好地满足社会发展的需要，以及人的个性发展需求，要结合未来发展状况做出科学的预测，制订超前计划，保证更好地满足未来社会和人的发展需求。

人的生活领域不断地扩展、延伸，这对思想政治教育提出了更多的要求，教育要联系生活实际，要主动贴近生活，要跳出以往思想政治教育较小的范围，要接触社会并利用社会中的资源。

从目前思想政治教育的发展趋势可以发现，思想政治教育无论向哪个方向发展，都要不断地吸入信息资源，都要不断地扩展视野，不断地从整体上对思想变化趋势、行为变化趋势做出预测。大数据的出现有效推动了思想政治教育向前发展，思想政治教育和大数据的融合符合思想政治教育领域发展的实践需求，它的出现是对实践的回应。

（二）大数据对高校思想政治教育功能发展的实践回应

在高校思想政治教育实现多维度领域延伸发展的大环境下，高校思想政治教育要真正实现从外到内的多维度、全方位发展，必须确保其超越性、多样性、创新性的功能优化。

所谓超越功能的发展，指摒弃传统复制功能，一味满足对上级精神的崇拜状态。受到传统再生教育影响，现阶段高校思想政治教育呈现出一定的盲目性，将上级精神的传达作为重点，忽略对新观点和独到见解的发现和创新，显现出保守性、封闭性和复制性的弊端。要实现超越功能，必须认清在现代社会迅速发展、全面变更的情况下，现在绝对不是过去的再现，未来更不是现在和过去的翻版，需要对社会发展现实以及思想政治教育发展做出历时性比较和共时性分析，以便更好地把握未来。

多样功能的提出是针对单一功能来讲的，传统的思想政治教育功能相对单一，主要针对政治性，但是如今思想政治教育工作和以往不同的是社会环境已经发生变化，社会的主要矛盾是人们的美好需求和社会发展不平衡之间的矛盾，因此，思想政治教育工作在维持原有政治性功能的基础上，还应该发展其他功能，而其他功能的发挥需要思想政治教育工作者站在更高的高度，全面地了解受教育对象。

在吸收、优化、转化传统思想政治教育功能的基础上，形成了创新功能，当今社会全球化意识、个人的主体意识逐渐增强，如果维持思想政治原有的功能不创新、不发展，那么思想教育将不能满足社会发展及个人发展的需要。因此，在传承原有思想政治教育功能的基础上，发挥创新功能，通过创新实现思想的解放、观念的更新。

想要实现创新功能，不仅要让文化具有鲜明的时代感，还要让文化环境具有现代化的特征。也就是说，要在文化建设过程中引入现代的信息技术和网络技术，大数据技术自身的功能及思维模式能够深入分析信息资源，能够从更加完整、全面的角度让教育者把握学生信息，因此，在思想政治教育工作中，融合大数据符合思想政治教育功能发展的需求。

（三）大数据对高校思想政治教育形态发展的实践回应

思想政治教育形态是在开展实践活动的过程当中，思想政治教育存在以及表现出的形态。需要注意的是，形态并不稳定，它会根据思想政治教育的运行方式不断地变化。观察以往思想政治教育形态发现，其表现出主导性和多样性相统一的特点，教育的主体和客体正在从以往的二元对立形态转向相互交往的形态，除此之外，网络的加入也使思想政治教育展现出了网络发展形态。

高校思想政治在发展的过程中，既要关注学生的个人需求，也要关注社会的变化，对以上两方面的关注体现的是思想政治教育具有的主导形式和多样性相统一的形态特征。这种形态特征能够让思想政治教育主要发展方向不动摇，与此同时，又结合了社会生活的方方面面，使得思想政治教育的发展不脱离社会领域。思想政治教育表现出的相互交往的形态特征体现出的是：思想政治教育工作者和学生之间进行了深入有效沟通，能够理解彼此的精神世界。

思想政治教育表现出的网络形态发展代表思想政治教育和网络已经进行了深入的结合，高校要注意网络生态的管理，把控网络舆论，无论是管理还是对舆论的把控，都需要大数据支持。因此，在思想政治教育领域应用大数据符合思想政治形态发展的需求，数据和形态发展之间是一致的、契合的。

三、大数据与高校思想政治教育时代性的思维相契合

外在现实环境的变化使高校思想政治教育的理念也发生了变化，传统思想政治教育使用的统一化思维、抽样方法，以及简单评价思维已经不符合时代的新的发展需求。当今时代需要多样性的思维、需要全部的样本数据、需要复杂性评价，只有这样才能让思想政治教育向着良性的方向发展。在这种情况下，加入大数据能够满足思想政治教育思维改变的发展需求。

（一）大数据推动高校思想政治教育认知思维的转变

培养为社会主义政治和经济建设服务的"统一化"人才，是传统高校思想政治教育所遵循的目标原则和思维理念，在这一目标指引下，高校思想政治教育成为"统一化"人才培养的阵地。然而，"统一化"的认知思维与人的全面发展理念相悖，与当前"立德树人"的人才发展目标存在一定的时代偏差，特别是进入高校思想政治教育越来越倾向于实现学生个性化发展的时代，"统一化"的认知思维与现代社会思想政治教育的发展需求及现代思想政治教育发展理念越来越背道而驰，更是与现代思想政治教育的发展方向相去甚远。所以，要实现个性化教育，需要思维方式的转变。

大数据具有的思维和理念体现出非常明显的个性化特点，而传统的思想政治教育使用的是统一的认知思维，二者在思维理念上有巨大不同。因此，可以利用大数据来改变以往思想政治教育统一的认知思维，利用大数据可以获得学生的学习数据、生活数据、消费数据及社会交往行为数据，分析这些数据，可以得到直接结果和间接结果。数据表明学生受到了当今多元文化的影响，无论是在性格方面、思维方面还是价值认知方面，学生都表现出了更为多元的发展特点，思想政治教育工作者可以利用这些数据更全面地、更详细地分析每位学生的个性，并根据学生的个性特征制定出有针对性的人才培养方案。如果在新时代还使用统一的认知思维，那么只会获得相反的教育效果。

在高校思想政治教育中应用大数据，使得思想政治教育具有了个性化的思维认知，有助于改变传统思想政治教育遗留下的统一思维。

（二）大数据推动高校思想政治教育方法思维的转变

思想政治教育一直在发展，处于不断探索中，网络技术的发展也渗透到了思想政治教育领域，思想政治教育逐渐开始使用量化的研究方法。如果从信息的角度出发，分析思想政治教育，会发现思政教育本身也是传递信息、接收信息及转

换信息的过程。

如果使用量化研究方法分析信息，可以寻找出数据具有的关联，进而发现事物的发展规律，量化的信息方法能够让思想政治教育体现出更多科学性，以往由于技术发展不足进行的信息量化研究涉及的数据范围过小，而且一般都是针对学生思想变化、行为变化的数据，属于结构化数据。分析这类数据时，使用假设的方法，在假设的条件下寻找信息之间的关联，然后论证假设是否正确。但是，由于数据范围过小，研究使用的数据无法代表所有学生的思想、行为变化，而且如果收集来的数据是错误的，将会对结果产生严重的影响，导致教育者无法获得正确的教育规律，更无法发现规律之间的关系。

大数据具有的多样性、相关性、全样本性的思维能够更好地让量化研究方法应用在思想政治教育领域中，能够有效避免以往数据范围过少带来的不良影响。NoSQL、SQL、NewSQL 的建立健全，云存储技术的发展和运用，使得人们收集了很多结构化数据、非结构化数据及半结构化数据，将这些数据存储在云端或者数据库当中，能够获得更多样、更全的数据，从而避免抽样方法所带来的数据误差。

大数据思维的应用使人们更加注重探索数据背后展现出来的规律和内涵，表面看起来数据和数据之间可能并没有关联，但是，在深入分析后，数据中可能隐藏着巨大的价值，不同的数据之间可能存在紧密的联系。通过对全样本数据的分析，寻找到的数据关联性更加可靠、精准，全样本数据能够让结果更加客观、真实。

大数据的应用使量化研究的数据范围得到了扩大，能够使用更多、更真实、更科学的数据，避免了以往抽样方法带来的局限性，高校思想政治教育在使用量化研究方法时，样本也不再是以往抽样方法获得的数据，而是全体学生的数据，对这样的数据展开分析能够获得更真实的结果。可以说，大数据的应用推动了高校思想政治教育方法的思维的转变。

（三）大数据推动高校思想政治教育评价思维的转变

对高校思想政治教育评价的理解，主要包括两个方面：

首先，从思想政治教育角度进行评价，主要包括对引起某种社会现象或人类行为的原因及其发生的过程和发展趋势，甚至是对这种变化表现出的赞扬或者谴责的态度等，而这些或赞扬或谴责的态度，往往是衡量人类行为与社会要求一致性程度的标准。

其次，从思想政治教育的过程和结果角度评价，统一化、标准化的评价规则是衡量评价结果是否科学、是否公正、是否有效的重要保障。

纵观两种不同维度的评价方式，对结果性评价的简单性思维倾向成为传统高校思想政治教育评价的主要特征。

在第一种解读模式下，高校思想政治教育评价的内容主要由政治、思想、道德、人格心理等亚系统构成，通过分析人们的言行是否契合这些系统所要求的标准评价言行是否合理。这种传统的评价标准及评价内容具有一定的稳定性。但是，高校思想政治教育具有现实指向性，其评价标准及内容也应随着社会现实需求而不断变化。这就要求高校思想政治教育评价要在坚持优良传统基础上改革旧观念，培养动态性思维。从评价方式来看，高校思想政治教育的社会评价是其内在本质，在进行社会评价过程中，教育评价主体根据大多数人支持和认同的社会舆论、教育主体对受教育者的教育反馈，以及社会实践的检测进行个体社会行为评价。这种评价方式有其合理性和恰当性，但同时依靠社会舆论、教育反馈和社会检测评价方式呈现单向度的评价倾向，对达成思想政治教育评价的合理性与恰当性产生了不利影响。

在第二种理解模式下，一方面，传统的高校思想政治教育通过有限的问卷调查、座谈、考察等形式进行经验式判断，对于思想政治教育对象的差异性未能充分体现；另一方面，传统的评价注重选拔功能，以是否完成工作任务或者是单一的考试及考核成绩为评价标准，对于影响受教育者的非智力因素重视不够，评价标准过于单一化和有限性。基于对传统高校思想政治教育评价的分析和反思可以看出，稳定性、单向度、经验式、平面化以及单一化和有限性是蕴含其中的思维特征，也是注重结果性评价的思维引导下必然呈现的结果。身处信息网络技术迅速发展的新时代，高校思想政治教育面临的社会环境、主体意识、实践形式、评价方法等都发生了巨大变革，因而对评价提出了新的要求。

如果继续以简单化的结果性评价思维进行评价，势必会削弱高校思想政治教育评价效果。动态性、互动式、科学化、立体化等复杂性思维是高校思想政治教育评价需求的应然性思维模式。大数据思维具有即时性、整体性、平等性、开放性、多样性和相关性等特征，认为自然界和人类社会都是纷繁复杂的，人们的思想行为并不是按照线性的因果关系进行组织，也并非受到稳定、单一的因素影响，这一思维特征在本质上是一种复杂性的思维模式，可有效契合高校思想政治教育思维转变的需求。

第四节　大数据为高校思想政治教育带来创新契机

高校思想政治教育必须顺应时代的发展创新，然而如何抓住创新的机遇，是高校思想政治教育发展的关键。大数据的出现为高校思想政治教育带来了创新契机，如果能将大数据应用到高校思想政治教育中，不仅能丰富高校的教育资源，同时也能使高校教育进一步顺应时代的发展，实现技术创新。

一、大数据为高校思想政治教育提供战略资产

大数据随着高校思想政治教育的不断发展应运而生，且为其提供了丰富的战略资产。大数据在高校思想政治教育的战略资产中表现为两类，一类是指大数据为高校提供的超大数据库，数据库中囊括了许多可以为高校思政教育参考的资料数据，高校准确把握掌控思政教育过程中各要素的变化，从而调整活动方案；另一类是大数据为高校的思政教育提供了技术方面的支持，拥有大数据，高校就拥有了先进的数据分析技术等专业技术的支持，将这些技术应用到教育实践活动中，更有利于教育活动的开展。这两类大数据是高校思政教育的重要战略资产。

随着大数据技术的开发，高校思想政治教育工作也有了可记录和保存的载体，可以为其后的教育工作提供参考。大数据具有非常庞大的数据库，且容量在不断扩大，可以储存容纳大量的教学数据，同时也开发了线上教学，通过网络教学开展思政教育活动，使教育的受众面不断扩大，增强了思政教育的影响力，而数据的储存对后来教育的改进工作也具有极大参考价值。

大数据保存了大量的高校思想政治教育工作的相关数据，便于为最后的工作考核与改进环境提供评价标准和依据，高校工作人员可以通过数据分析得出当前高校思想政治教育工作的情况，发现其中的不足，从而改进工作内容，制作出教学效果更好的思想政治教育方案。教育方案决定了下一阶段所有的教学安排，在教育中发挥着至关重要的作用，而大数据则为教育方案的合理指定提供了极大的支持和保障。

大数据同时也是高校思想政治教育改革的重要战略资产，这一切得益于大数

据的数据分析技术，数据分析技术在高校教育中可以发挥巨大的作用，具体体现在两个方面。一方面，大数据的数据分析技术可以记录教育过程中的各项数据，通过对数据的分析可以发现教育活动安排中的不足，从而对教育活动中的资源分配、活动内容等部分进行调整优化；另一方面，大数据的数据分析技术也收集了大量教师教学情况的数据统计及学生的反馈，从这些数据中可以分析得出教师教学的不足之处，教师可以通过数据分析的结果与反馈调整教学方案和教学方法，根据学生的需求提供更加有趣高效的知识教学。

大数据不仅可以收集海量的教学数据，同时也提供了线上教学的新兴平台，在线上教学平台中，教师可以实时监控学生的学习进度，且线上教学的方式也使得教学工作更加便捷，在时间和空间上都为师生提供了极大的便利。通过大数据的数据分析技术，教师可以及时发现同学们存在的不同问题并帮助解决，学生也可以通过分析发现自己的短板，利用丰富的数据库资源进行更有针对性的学习。

大数据的数据分析技术可以分析出不同学生的学习需求，而庞大的数据库又为学生提供了丰富的学习材料，平台可以根据分析结果得出的学生学习短板，为学生推荐具有针对性的线上课程及学习资源，使学生有针对性地学习，从而提高高校的教学质量。大数据在统计学生学习情况时，还能发现学校课程设置安排的不足之处，根据数据调整教学内容和教学方法，不断优化学校的思想政治教育方案。

二、大数据为高校思想政治教育规律探索提供支撑

要办好高校思想政治教育，必须牢牢掌握其中的规律，大数据利用自身的数据分析技术、数据信息搜集、数据把控能力等，可以为高校思政教育规律的探索提供支撑，因此，大数据已成为高校思想政治教育规律探索的重要手段。

大数据可以搜集大量数据，进行数据分析等，而这些数据分析可以为高校思想政治教育带来大量信息作为工作的参考。高校要探索思想政治教育的规律，必须观察分析以往的大量信息，而数据库恰恰可以满足高校的数据挖掘和分析需求。在大数据出现前，高校搜集数据的渠道较少，能搜集的数据也十分有限，往往会出现数据不完整导致观察问题不全面的问题。而大数据的出现，既增加了高校搜集数据的渠道，且庞大的数据库也能为高校提供大量的信息，为高校思想政治教育规律的探索提供了稳定的基础。此外，大数据的数据分析能力对数据的分析更

加准确，为高校数据搜集和分析工作节省了大量的人力和物力，也大大降低了数据分析的失误。

大数据可以实时监控数据，便于高校对教育过程中各要素的变化进行调整。高校思想政治教育涉及多种要素，而这些要素组成的数据十分复杂，只有将数据进行整合分析，才能更准确地探索高校思想政治教育的规律。

大数据的数据储存和精准分析技术为高校思想政治教育规律的探索提供了强大的支持。作为高校思想政治教育的客体，学生具有各自的特性，彼此间存在着巨大的差异，但由于所处的时代背景相同，又会具有一些相同的特性，因此学生思想政治教育工作必须从宏观和微观两个角度去探索其中的规律。而大数据则满足了高校对宏观规律和微观规律的探索。

宏观层面，大数据可以为高校提供大量的数据，比对分析这些数据，准确找出其中存在的共性，便于高校探索教育的宏观规律。大数据在大量数据的分析中不仅能找出共性，也能筛选出数据间存在的差异，即个体性差异，个体间的差异能被大数据捕捉并分析，为高校微观规律的探索提供了重要的技术支持。

三、大数据为把握高校思想政治教育机遇性贡献力量

机遇性指高校思想政治教育者在思想政治教育过程中面临的良好机遇，具有容易成功地对思想政治教育对象进行价值灌输、思想引导和行为扭转的机会性、时机性特征。对高校思想政治教育来说，从内容方面而言，在基本原则和指导思想不变的前提下，会随着时代变化和现实境况而呈现出随机性、灵活性和跳跃性的特征；从思想政治教育对象的身心发展来看，其过程具有较强易变性和可塑性的同时，高校思想政治教育的功能也要随着变化发展了的实际做出相应调整，以适应现实境况。

首先，高校思想政治教育与社会现实和人们的思想实际紧密相关，因而具有较强的机遇性。机遇的来临具有偶然性，思想政治教育对象也并非时时刻刻都处于思想转变和价值形成的状态，如何把握"时机"和"关键"、什么时候进行思想疏导才是最合时宜的、在什么阶段进行思想政治教育最有效果、不同的个体具有鲜明的个性特征、什么样的思想政治教育方式能够"走近"他们等，都是把握机遇性所要思考的问题。

机遇性的把握并非一件易事，而大数据为解决这些问题提供了理论和实践的

双重回应。大数据蕴涵的新的思维特征，引导高校思想政治工作者信息思维的形成，从经验指导和思辨为主转变为依靠数据呈现的信息做决策。最佳"时机"和"关键"节点的把握，不是存在于思想政治工作者的思想和观念中，而是需要客观的数据信息作为支撑，需要深入受教育者群体，了解受教育者，对思想政治教育对象进行多方位的数据信息搜集与分析，从而更全面地把握其思想变动轨迹，以抓住最佳时机进行思想政治工作。

其次，大数据的动态监测、实时呈现等功能，为把握思想政治教育对象思想变动及形成规律提供有益条件。由于当前高校思想政治教育者的数量及时间有限，全面性、持续性地与思想政治教育对象进行零距离交流与接触难以实现。大数据的动态监测和实时呈现功能在高校思想政治教育中的应用，为实时提供思想政治教育对象的行为动向创造条件。通过对思想政治教育对象的"实时追踪"，能够及时全面了解其行为动向，助力思想政治教育的有利时机和关键节点的把握。总之，大数据思维及技术助推，为高校思想政治教育贡献了关键力量。

第五章　高校思想政治教育信息化建设研究

进入 21 世纪，整个世界由工业革命时代转向信息技术时代，互联网技术不断发展且快速在各个国家得到了广泛普及，推动了多种终端技术的更新换代，大数据技术逐渐渗透到了社会发展的方方面面。因此，高校的思想政治教育应该紧跟时代发展潮流，创新教育领域的信息化建设方式，加大信息化建设的普及程度，建立起能够让高校思想政治教育的信息化建设实现可持续发展的运行机制，本章将对这一主题作出系统、完整的论述。

第一节　高校思想政治教育信息化建设目标

信息技术和大数据技术在我国的广泛应用，给高校的思想政治教育带来了一定的冲击和挑战。如何正确部署和应用信息化技术，优化传统的教育理论、教育资源、教学模式和教学环境，促进教育的现代化发展，是高校创新发展教育信息化建设的长期目标。

一、融入大数据理念增强高校思想政治教育的科学性

实事求是，是马克思主义思想的灵魂，是中国共产党的基本思想路线、领导方针和工作方法。虽然当前的时代背景和社会环境一直处于不断变化发展的过程中，但是实事求是的科学精神永远不过时。因此，在高校思想政治教育的信息化建设过程中，要坚持将实事求是作为指导思想，遵循社会发展规律，理性看待和

解决在信息化建设中出现的新问题，才能提升教育工作者和学生的信息化思维模式的转变，真正提升大学生思想政治教育的学习效果和学习效率，实现教育创新化、科学化、现代化。

大数据是在互联网时代产生的一种能够快速洞察、收集、处理、优化海量信息的思维理念，从而为高校的思想政治教育带来了新的价值观、思维方式和教育思路。

教育观念和工作思路更加科学化。一方面，当前我国大学生的思想政治教育信息化建设还处于初级发展阶段，成熟的理论体系还没有完全形成，具有参考价值的实践经验较少，因此运用大数据技术能够在短时间内，在海量的相关信息集合中筛选出具有价值的信息，并对其分类、重新组合，让最终形成的教育观点获得强有力的真实数据作为支撑，增加理论的实践价值；另一方面，进行思想政治教育是实现中华民族伟大复兴、解决社会矛盾、推动现代化发展的重要途径之一。因此，必须要走在时代发展的最前端。大数据不仅是一种先进的技术，还是一种科学的思维模式，将这一思维理念融入高校的思想政治教育过程中，将会有效加深教师队伍对大数据的认识和应用，引导大学生在思想意识层面建立起信息意识，并能够在实际的学习过程中、未来的职业发展规划中充分体现。

此外，大数据技术还能够推动高校在教育决策方面的正确性和科学性。步入高等教育阶段的大学生，已经形成了较为独立的主体意识和个性化需求，因此思想政治教育的难度和复杂程度较高，这要求教师队伍要能够根据不同学生的个性特征、学习心理对教学内容、教学活动、教学计划等多个环节作出精准的教育决策，而大数据技术为解决这一问题提供了有效的解决方案。教师可以利用大数据，通过广泛收集学生的学习数据，以此为基础建立起大数据模型，挖掘出学生学习行为背后隐藏的学习规律，预测出学生的学习效果，从而及时调整实际的学习计划，提升课程教学的利用效率，完善教学机制。

二、运用大数据资源增强高校思想政治教育的精准性

加强和改进新形势下高校思想政治工作，要做到围绕学生、关照学生、服务学生，把握师生思想特点和发展需求，优化内容供给，改进工作方法，运用大学生喜欢的表达方式开展思想政治教育，加强分类指导、着力因材施教，提供靶向服务，提高高校思想政治工作精细化水平，不断增强高校思想政治教育的亲和力

和针对性。虽然没有用"精准"一词描述对高校思想政治教育的发展要求，但精准化的发展目标是新形势下党中央对高校思想政治教育的重要战略部署。

我国面对新形势、新任务、新挑战，围绕高校思想政治教育的根本问题提出了一系列新理念、新思想、新观点，为新形势下推进高校思想政治教育向精准化方向发展提供了根本遵循。在这一发展方向指引下，高校思想政治教育者要更为深入、全面、多元地了解教育对象，以进行精准投放，达到精准思政的效果。大数据作为一种数据资源呈现在高校思想政治教育面前时，其数据容纳的海量性、数据形态的多元异构性、数据收集过程的自动化、数据供给的持续动态性等优势，为全面、深入了解教育对象提供可能。

在大数据背景下，高校思想政治教育创新的目标是要充分运用大数据资源，实现更为全面、更为真实、更为深入、更为高效以及持续动态地了解教育对象，增强高校思想政治教育的精准性。

三、借助大数据技术增强高校思想政治教育的协同性

教育强则国强，高校思想政治教育的水平在培养出德智体美全面发展，且能够推动社会主义事业实现进一步发展的高等人才方面存在着至关重要的影响作用。

首先，为了实现协同育人的目标，就要在各个教育环节的准备阶段做出精准、较为正确的预测，而这些结论的得出，都是建立在整合、研究、分析了大量真实有效的数据基础上，传统的数据处理技术不仅无法在短时间内处理海量信息，而且整个信息处理的各个环节分散，极易出现数据分析错误，从而导致无效的教育决策，浪费教育资源。

其次，大数据提升了高校思想政治的个性化教育程度。在传统教育模式下，实现因材施教的内外环境，困难重重，其中最重要的原因是教师很难及时收集、分析、处理每位学生的个性化特征和实习状态的相关数据，然而在大数据的帮助下，教师对每一位学生、群体学生提供针对性思想政治教育的可能性和实践空间得到了很大程度的提升。

其次，大数据技术不仅变革了思想政治教育的外部环境，而且还优化升级了思想政治教育的内部环境。教育资源的质量将直接影响教育的最终成效，大数据技术在高校思想政治教育领域的应用，一方面能够有效整合具有学习价值和实践

价值的教育资源，及时根据时代的发展、社会环境的变化更新新知识、新理论；另一方面大数据充分发挥出了已有教育资源的最大教学作用，例如，大数据可以让书本上的文字内容，以生动形象的数字影音的形式展现给学生，还可以让学生获得与现实场景十分相似的模拟实践体验，从而收获更加直观、印象深刻的学习经历，加深对知识的理解。

第二节　高校思想政治教育信息化建设原则

要保障高校思想政治教育创新实践顺利进行，必须以确立其创新原则为基础，原则是观察、处理问题和说话做事的依据和准则，决定着事物的性质和发展方向。高校思想政治教育的创新是一项综合、系统、复杂的工程，在整个创新过程中的每个阶段都应严格遵循思想政治教育的一般规律，同时各个环节又要结合当今时代的特点，充分适应新的规律和原则。

一、以人为本原则

以人为本始终是高校思想政治教育的基本原则，在大数据背景下更要强化对这一原则的坚守。大数据虽然突破了结构化数据的束缚，能够更加多元化地记录人的各种属性特征、行为轨迹，但是由于人的复杂性和思想的变化性，有些行为数据并不能与其真实意图完全呼应。大数据呈现出来的信息能够告诉我们被收集者在做什么，但是却无法呈现被收集者所处的现实背景，或者他们的情绪波动。大数据不能直达人的心智空间，理解人拥有何种价值观，即便是现在已经提出并正在发展的"情感计算"，在面对巨大伦理问题和制度问题尚未解决之前，也是难以实施的。如果单纯地依据大数据的数据分析和呈现对一个人进行判断，存在一定的不确定性。

在大数据时代，人们被海量的信息所淹没，对于高校青年学生来说，可获取的信息较多。但是，拥有海量数据信息并不必等同于可以将这些信息正确辨别、理性分析，从而形成一套完整的世界观与价值观。"量的增长"并不能代替"质的飞跃"，当下高校思想政治教育从以事为本向以人为本的转向，从主客分离向主体间性的发展、从单一育人向合力育人的转变等各方面的"变化"，以及国家在新形势下对"思想政治工作从根本上说是做人的工作"的澄清和申明，都表明高校思想政治教育的"人文"属性和"人本"原则。因此，高校思想政治教育融合大数据的创新，必须始终以此为基础，才能够彰显并守住高校思想政治教育本质[①]。

二、守正性原则

大数据时代的来临创造了新的环境与条件，同时也出现了新的问题，这些都使得高校思想政治教育的开拓创新成了时代的新课题。在创新中继承，是创新实践应当遵循的原则，特别是高校思想政治教育，关乎为谁培养、如何培养，以及培养怎样的人的问题，具有强烈的意识形态性，因此更应该在基础原则上创新。

大数据虽然引发了全面而深刻的社会变革，但是对高校思想政治教育的影响并非颠覆性的，更不是取代。要厘清高校思想政治教育的守正因素，始终坚持守正性原则，为创新作出宏观指引。

（一）坚守马克思主义的精神信念

无论时代环境如何变化，坚持以马克思主义为理论指导和方法论遵循是不会改变的。

一方面，坚持不懈地传播马克思主义的科学理论不能变，虽然海量多元的大数据资源极大地充实着高校思想政治教育的内容，为其内容的选择提供多种方案，但是在内容选择上必须是以马克思主义为政治性前提。高校思想政治教育的内容体系是马克思主义理论体系的载体，不论外部环境、社会舆论如何变化，都要围绕马克思主义理论体系开展教学和实践活动。虽然大数据时代带来了丰富的信息和充足的资源，但不能为了追求形式的多样而放弃对内容的审查。在大数据背景下，可以融合大数据资源进行内容的丰富和拓展，但其根本内容和内容的选择主题，始终要围绕马克思主义理论展开。

另一方面，以马克思主义为方法论指导不能变。坚持以马克思主义辩证观点看待问题，是高校思想政治教育的根本方法，既要积极吸收借鉴大数据的有益

---

① 徐永利. 大数据融入高校思想政治教育探析 [J]. 中国电化教育，2018，383（12）：46-53.

之处，创新高校思想政治教育，以适应时代发展需求，又要看到大数据带来的风险和挑战，以规避对高校思想政治教育的不利影响。同时，遵循"实践—认识—实践"的认识论指引，在加强大数据与高校思想政治教育融合的理论研究基础上，不断指导和推进实践应用的发展，以进一步深化认识内容。因此，在马克思主义发展观的引领下，积极引进新的创新要素，提升高校思想政治教育的时代适恰性。

（二）坚持高校思想政治教育的根本目的

促进人的自由而全面发展是高校思想政治教育的出发点和落脚点，也是根本目的，这一目的反映出思想政治教育最本质的愿望和要求，大数据时代的来临并不能改变这个根本目的。在这一目的中，包含着相互关联的两个方面：

一方面是提升思想政治教育对象的思想道德素质。大数据具有独特的优势，能够为提升教育对象的认识能力提供机遇。大数据资源在很大程度上能够为教育对象打开认识世界之门，大数据具有精准性、预测性等特点，能够帮助思想政治教育工作者充分发挥出应有的价值，同时，还可以帮助受教育者提升认识世界的能力。得益于大数据技术的推动，马克思主义实现了更加优化的传播方式，这极大增强了理论的渗透力，提升了思想政治教育对象对马克思主义理论的接受程度，为教育对象能够树立正确的人生观、世界观和价值观奠定了扎实的基础。在高校思想政治教育的发展过程中，要借助大数据的帮助进行融合创新，但是，值得注意的是，其出发点和前提始终都应该是提升思想政治教育对象的思想道德素质，这也是必须保持和坚守的根本目的。

另一方面是促进人的自由全面发展。在不同的地域、不同的历史时期，人类发展通常呈现出片面的状态，这是因为生产力水平及价值取向等因素所限。因此，高校思想政治教育始终追求能够克服发展的局限性，使人的物质与精神生活相协调、知识增长与能力提升相匹配、科技理性与人文理性相平衡，目标在于培养自由全面发展的人。大数据时代为高校思想政治教育实现这一目标提供了更便捷的条件。运用大数据创新具有多方面的好处，但是，仍要时时刻刻以一种理性的态度来面对大数据技术，尤其是在创新过程中面对一些不和谐现象时，要保持高度的警醒，做到及时纠正，始终将促进人的自由全面发展放在首位。

（三）坚持思想政治教育的基本规律

在高校思想政治教育过程中，应遵循的基本规律是：人的思想品德形成发展规律及服务和服从于社会发展的规律。这一规律贯穿高校思想政治教育始终，并呈现出高校思想政治教育最基本的关系，是高校在融合大数据创新的过程中必须遵守的最基本的规律。科学地统计大数据并分析，进行智能化处理等，能够在高校思想政治教育的不同环节上更好地把握和呈现具体规律。这些具体规律以基本规律为指导，始终都能体现出基本规律的特点。虽然在大数据的帮助下，高校思想政治教育揭示出了越来越多的具体规律，但并不会影响和动摇基本规律的存在与主导作用。

对于高校思想政治教育而言，无论要面对怎样的教育对象，无论教育环境、教育形式、教育内容和教育载体发生怎样的改变，也无论在教育过程中会出现怎样的具体规律，都不会影响和改变遵循基本规律。

三、理论与实践相结合原则

进行科学高效的创新，一方面需要深化理论，在学理性方面为高校思想政治教育提供支撑，另一方面需要深入大数据应用，以保障思想政治教育与大数据的融合创新。在大数据时代的背景下，高校思想政治教育创新必须做到理论与实践兼顾，二者缺一不可。

（一）理论指导实践开展

开展高校思想政治教育创新实践需要明确和深化两方面的理论：其一是要深化研究大数据相关理论；其二是要进一步明确高校思想政治教育融合大数据的理论问题。由于高校思想政治教育融合大数据创新属于新的领域，因此就需要科学的新理论的指导，只有这样才能顺利将创新成果转化为实践。在理论层面，应进行具有诊断剖析、重构再造、提炼生成等转化能力的研究，以实现理论与实践的双向转化。

将大数据与高校思想政治教育相融合创新，是两个领域、两门学科、两种方法之间的融合。在高校思想政治教育融合大数据创新过程中，需要重新思考和审视一些新问题，包括整体与局部、思想与行为、数据与经验之间的关系等。在大数据背景下，工具理性思维倾向对高校思想政治教育的人文本性具有一定程度的侵蚀风险。

一方面，要深入思考和研究工具理性和价值理性关系问题的理论，对于技术的风险性和有限性及人文精神的必要性有明确认识；另一方面，要重申和挖掘高校思想政治教育以人为本的思想底蕴、理论渊源、价值追求以及方法路径等，从而在融合大数据创新的同时，为践行以人为本提供支撑。澄清理论问题就能为新领域提供学理支撑，从而有助于未来的存在和发展。

（二）深入大数据应用实践

马克思主义哲学是科学的世界观和方法论，这是因为它的生存与发展都是以根植于实践为基础的。对高校思想政治教育创新来说，深入大数据实践十分重要，它能够增强大数据思维，更可以为运用大数据创新高校思想政治教育工作提供保障。

重视并强化大数据的应用，是高校思想政治教育融合大数据创新的物质基础。其内容主要包括：构建、完善、善用高校思想政治教育资源大数据库及大数据管理服务；搭建高校思想政治教育大数据平台，制定相应的规章制度等。在高校思想政治教育的转变过程中，大数据应用实践具有教育认知精准化、教育资源集中化和教育功能预见性等优势。这些优势对高校思想政治教育的转变、发展与提升具有极为重要的意义，是高校思想政治教育融合大数据创新的前提。

第三节　高校思想政治教育信息化建设要求

一、树立高校思想政治教育的大数据创新意识

对于高校思想政治教育来说，树立良好的大数据意识是充分利用大数据创新的关键。确立大数据意识有助于高校思想政治教育适应客观环境的变化，指引自身的发展。在高校思想政治教育创新中，大数据意识发挥着重要的引领作用。对此，高校要重视并捕捉大数据价值，正确定位大数据在思想政治教育中的地位，并树立正确的大数据资源意识、大数据价值意识以及大数据应用意识。

（一）树立良好的大数据资源意识

资源是能够满足人类发展需要、创造财富的要素总和。高校思想政治教育资源是思想政治教育过程中能够被开发且能够为实现教育目标做出贡献的要素总和。这一概念可以从几层含义理解：高校思想政治教育资源必须是现实存在的；高校思想政治教育资源必须对高校思想政治教育目标实现有价值；资源价值以思

想政治教育者的合理开发为前提才能得以实现。

在新形势下，高校面临着一个时代的新课题，那就是加强和改进思想政治教育。高校思想政治教育的发展离不开教育资源的重要作用，因此，在当下必须要重视对思想政治教育资源的正确认识、开发及利用。人们对资源的认识最开始仅局限于自然资源，后来扩展到对社会资源中资本、人力、科技资源等的认识，再后来又发展到了对社会资源中知识和信息等资源的认识。随着移动互联网等技术的发展，人们的生存逐渐呈现出一种数字化状态，而且这种状态可以在互联网中传播。在大数据技术帮助下，数字化生存状态中的各种行为被数据化处理，形成了海量的数据资源，对社会产生了深远的影响[①]。

在信息时代的背景下，大数据是一种全新的资源类型。对于高校思想政治教育来说，大数据资源是和人力、资产等基础资源同等重要的。因此，高校思想政治教育必须牢固树立大数据意识，使各类大数据资源能够为服务于思想政治教育工作。一方面，要重视大数据资源的宽度，在育人方面做到全员、全过程、全方位，以确保大数据能够对思想政治教育中的人员及各项工作做到全覆盖，并通过分析和挖掘关联数据间的关系形成教育合力；另一方面，还要注重大数据资源的深度，不仅要开发利用高校思想政治教育共时性数据，还要挖掘历史数据，并且对共时性与历史性数据进行比对并寻找规律，从而大大提升判断与结论的合理性、科学性。

此外，高校还应对大数据资源的广度有所重视。因为高校思想政治教育与国家、社会、家庭等息息相关，因此，除了要通过关注政府大数据来正确认识党情、国情以外，还要通过家庭大数据来了解教育对象的背景，以便掌握其思想形成过程。除此之外，在互联网快速发展的大背景下，应重视深入挖掘网络数据，把握舆情动向，与教育对象保持思想变化的同步性。

总而言之，大数据作为一种战略性资源，必须要引起高校的充分重视。对于高校思想政治教育而言，必须要树立大数据意识，从宽度、深度和广度上科学合理地开发利用大数据资源。

（二）树立良好的大数据价值意识

大数据拥有信息、预测及工具等方面的价值，这对高校的思想政治教育功能

---

① 王彦，杨晓宁，李雪敏.信息化时代下的高校思想政治教育[M].武汉：武汉大学出版社，2016.

有很大的帮助作用，在提升高校思想政治教育实效方面具有重要的意义。

首先，大数据拥有巨大的信息价值，信息是高校思想政治教育工作者的认识源泉。对于与思想政治教育对象相关的信息，应在技术的指导下理解与挖掘，这样能够有效提升高校思想政治教育的洞察力、敏感性和直觉能力。目前，中外文化思潮呈现出多元化特点，各种舆论观点和价值观念充斥网络，分析这些信息，能够帮助教育工作者充分把握意识形态渗透的方式和特点，从而使意识形态渗透的宣传教育更加具有针对性。

其次，大数据具有预测价值，有助于思想政治教育对象思想品德的形成。分析教育对象各类数据相关关系，能够解决"是什么和为什么"的问题。思想政治教育重在及时发现教育对象身上出现的一些倾向与苗头问题，在迅速采取有效措施的同时，还要发现并把握教育对象在思想品德形成发展上的规律。

再次，大数据具有工具价值，工具价值的发挥能够在很大程度上提升高校思想政治教育的吸引力。高校思想政治教育无论是在思维理念还是在方式方法、载体运用中，都体现着与时俱进的特征。大数据是一种技术工具，它可以改善传统教育的方式与载体，可以通过教育对象感兴趣的方式来推进教育工作开展，使高校思想政治教育能够与时俱进，顺应时代的发展。

可见，对于高校思想政治教育而言，大数据拥有极大的价值，而且这些价值仅仅是初显，随着社会和思想政治教育的发展，大数据必将体现出更大的价值。因此，高校思想政治教育必须树立正确的大数据意识，不断探究、深入挖掘，在大数据对自身创新发展方面获得更大的价值。

（三）树立良好的大数据应用意识

对于高校思想政治教育来说，通过对大数据的认识来运用大数据才是根本目的，只有在实践中应用并检验大数据，才能不断完善对大数据的认识并充分发挥价值，才能有效应对大数据带来的困境。

大数据时代来临后，人人都可以成为自媒体，因此，只有具有正确的数据应用意识，才能维护好自身的利益。在高校思想政治教育中，无论是教育工作者还是教育对象，都要积极了解大数据、运用大数据。众所周知，数字化生存状态将成为人们的一种常态，因此，高校思想政治教育只有牢固树立正确的大数据应用意识，才能跟紧时代步伐，提高时代感和感召力。

二、把握大数据与高校思想政治教育融合创新的关系

大数据在给高校思想政治教育带来新资源、新技术与新思维，变革宏观及微观环境，贡献机遇性力量的同时，作为创新的主体与核心，高校思想政治教育也应该理性对待大数据，对大数据提供的思维方式以及带来的隐忧进行深刻反思。在融合大数据进行创新之前，需要对几对关系加以明确。比如，大数据所倡导的相关关系是否适用于以思想与行为为核心范畴的高校思想政治教育；大数据与高校思想政治教育发生关系的中介是"数据"，而对于以人为对象、充满人文性和情感性的高校思想政治教育，是否完全适用于大数据的量化研究；对于大数据带来的隐私侵犯等伦理性问题，在挖掘大数据时应当思考价值排序问题，明确行为与目的关系。对这些关系加以明确，才能减少高校思想政治教育创新过程中的盲目性和非理性因素。

（一）"相关"与"因果"

人们在认识世界的过程中常常遇到因果及相关问题，因果问题一直以来也是社会学、哲学等领域的重点研究问题。大数据的发展将使相关关系处于至高位置，并凌驾于因果关系之上，这使相关与因果问题重新摆在了人们的面前。

思想与行为是高校思想政治教育的核心，二者之间存在着主观目的性推动下的因果关系。人的行为一方面遵循客观世界的因果关系，另一方面又受到人类本身思想的制约，对于人的思想与行为之间的关系，虽然可以通过因果关系来分析，但又不是如此简单。大数据能够通过分析教育对象行为现象来探寻行为之间的关系，从而预测、干预教育对象。以大数据相关关系的探寻为基础，并不能推导出人的思想与行为的因果关系，而基于人的思想复杂性与流变性，大数据所进行的思想动向预设也可能是不精准的。

高校思想政治教育仍然需要通过探究因果关系来揭示人的思想与行为，而相关关系虽然是寻求因果关系的利器，却不能取代因果关系。

（二）"数据依赖"与"数据依托"

大数据时代来临后，收集和分析信息具有了更加便捷的条件，同时，人们也拥有了看待问题的新视角。无论是个人还是企业，对世界的全新认识能够帮助其做出更好、更正确的决定。当前，数据驱动方法受到广泛关注，未来将会出现海量数据市场。市场中既拥有大量信息，同时也拥有决策与交易的数字工具。

"数据"将大数据与高校思想政治教育联系在了一起，高校思想政治教育

可以通过数据获取教育资源，这在以前是不能想象的。以往的工作中做不到或很难做到的事，都能够通过大数据做到，大幅提升了工作效率，充分解放了劳动力。

大数据丰富了高校思想政治教育的可能性，同时还大大提升了教育工作的实际效率。人始终是高校思想政治教育的起点和归属，这也是思想政治教育的本质。大数据可以实时记录思想政治教育对象的学习与生活等数据，并形成针对人行为数据信息的动态数据链。但是，这一数据链并不是人的思想动机与发展的信息，在当前，情感计算还属于尝试性技术，处于创新的初始阶段，尚需要深入论证与长期实践。对于大数据能够量化人的思想状况这一问题，尚存商榷空间，因此，对于教育对象在思想情感方面的问题，还应充分发挥教育工作者的主观能动性，而不能舍弃依托理论进行凭空逻辑演绎。

总而言之，对于大数据，除了认识到它能够弥补传统高校思想政治教育的一些不足之外，还要牢记大数据提供的只是参考答案，在运用的时候也会体现出弊端和局限性。融合大数据进行思想政治教育创新，必须要坚持协调工具理性和价值理性态度，要在教育创新中合理定位大数据，而不能完全依赖大数据，这是依托大数据价值进行教育创新的根本。

（三）"数据使用"与"伦理关切"

高校思想政治教育本身具有伦理属性，而大数据的融入却为其带来了一定的伦理风险，与其自身伦理属性相矛盾和冲突，使我们不得不关注高校思想政治教育在运用大数据过程中的价值排序问题，审慎思考数据使用和伦理关切之间的关系。在初始动机上，高校思想政治教育是为了借助大数据的优势，充分发挥大数据的价值，提升思想政治教育效果，更好地服务教育对象，更加科学地引导教育对象的思想与行为，最终实现人的全面发展效果。但是，动机与效果的关系往往是辩证统一的，良好的动机必定取得良好的效果。

大数据的特征之一在于"大"和"全"，在对高校思想政治教育对象数据信息进行挖掘和收集时，不仅包含基本的档案数据信息，还包括私人活动数据信息以及网络空间的数据信息。对这些数据信息的收集存储，便于高校思想政治教育运用大数据资源发现价值、指导实践。但是，收集、保存教育对象的一切信息，涉及个人的隐私权问题，是与高校思想政治教育伦理属性相悖的。一旦对这些数据保护不利，造成数据信息泄露，教育对象的信息被除了高校思想政治教育工作者之外的第三方机构或者个人进行"二次利用",将产生无法估量的后果。

高校思想政治教育融合大数据创新的目的是更好地服务于教育对象,不能以牺牲教育对象的切身利益为代价实现这一目的。在融合创新的过程中,应当最大限度地将风险降到最低,尽量在思想政治教育对象知情同意的情况下进行数据信息收集和分析利用,对思想政治教育对象的数据信息不做服务于思想政治教育以外的其他用途,并不断完善信息保护制度等,在坚持隐私保护原则的前提下,努力寻求合理使用数据的有效路径。与此同时,在运用大数据算法推送思想政治教育内容时,高校思想政治教育应当积极探索建立更为科学合理的算法模型;在享受大数据智能化优势的同时,也要兼顾情感化因素,提升思想政治教育的"温度";在依据大数据进行高校思想政治教育评价时,关注受教育者思想的变化性和大数据的局限性,采取灵活多变的方式进行评价。

总之,大数据运用在高校思想政治教育中时,与高校思想政治教育自身的伦理属性存在不相容之处。大数据为高校思想政治教育的开展带来诸多便利,其价值是毋庸置疑的,但是在数据使用的同时,应强化伦理关切,在通过伦理审查的前提下合理使用大数据。

第四节　高校思想政治教育信息化建设创新对策

高校思想政治教育经历了由传统向现代的转变过程,而现代化的思想政治教育有三种境界:网络思政、大数据思政和智慧思政。当前,高校思想政治教育正处于第二层发展境界的关键点,大数据为其带来了难得的创新机遇。高校应当紧紧把握这一机遇,思考如何才能在高校思想政治教育创新中使大数据价值得到充分发挥,并提出具有科学性、可行性和可操作性的创新对策,以充分利用大数据优势提升高校思想政治教育的实效性。

一、推进高校思想政治教育观念革新

观念革新是要在人们已经形成的习惯性思维定式中融入一种新的思维方式,使之符合社会发展需要。高校思想政治教育观念变革是思想政治教育创新主体融

合创新介体的功能特征，建立符合时代变化、反映时代特点和趋势的新思维，扬弃不合时宜的传统旧思维过程。大数据背景下的高校思想政治教育创新，要将大数据融入高校思想政治教育中进行观念上的变革，才能更好地指导创新实践的开展。

（一）数据化理念

随着大数时代的到来，世界逐渐被"数据化"。通过分析被"数据化"了的世界，传统用于解释世界的法则，存在诸多不准确。虽然这些法则解决了许多时代问题，但随着对越来越多的数据进行量化和关联分析发现，并不是依靠单纯的理论原则推演和法则阐释就能够深入地理解世界、理解他人，只有将世界作数据化处理和可视化呈现，才能够更深入地发现隐藏在事物背后的规律，从而更好地理解世界。

在对高校思想政治教育融合大数据创新的认知中，存在的最大认知误区之一是大数据对高校思想政治教育带来的影响，始终停留在技术层面，而没有上升到更为深刻的观念变革高度。高校思想政治教育对象是思维最活跃和最具有创新性的主体，是受新事物影响极大的群体，是受社会思潮和意识形态影响极深的群体。传统的高校思想政治教育由于受主客观方面限制，对教育对象的研究采取先进行理论假设，然后做抽样调查，再对假设进行论证的方式，或者是根据思想政治教育者的教育经验和相关理论逻辑推演，对教育对象做出判断和描述。这样以部分代替整体或者将复杂问题简单化分解的研究方式，往往使现实和理论有所偏差，难以全面深入地展现教育对象真实和个性样态，更无法深刻体现高校思想政治教育的人文关怀。因此，树立高校思想政治教育数据化理念并不是将传统的研究方式完全否定和抛弃，而是将两者进行有益融合。同时，人文特征的体现更需要建立在对人的全面深入了解基础上，而对思想政治教育对象行为的数据化处理和分析的初衷和目的，是为了更好地了解教育对象。"数据化"与"人文性"并不冲突。"数据"本身并无感情，但使用数据的人是肩负"立德树人"，拥有理性的思想政治教育者，拥有理性能力的思想政治教育者能够客观看待数据呈现的各种事实而不被数据所左右。

数据化让我们看到更多真实和细节的信息，数据化的理念应当成为高校思想政治教育在大数据背景下进行创新所需要的新理念，只有树立数据化的理念，才能更好地把握大数据机遇。在经验化理念指导下的传统高校思想政治教育有其价值优势，随着网络化尤其是移动互联的发展，思想政治教育主客体的数字化生存状态愈加凸显，教育对象的生活、学习、交往都以数字化的形式呈现，而将这些数字化的生存状态进行数据化处理，把现象转变为可制表分析的量化形式，便可得到海量的信息资源以及看到信息之间的关联。对于高校思想政治教育而言，无疑是一笔巨大的"财富"。

总之，无论是传统理念下对教育经验的积累，还是数据化理念下对客观事实的分析，都是实施思想政治教育的有效形式。高校不仅要保留传统思维理念中的有益因素，还要树立数据化的观念。

（二）精准化理念

从某种程度上来讲，信息技术割裂了个体与社会的固有联系，使个体的思想行为逐渐偏向于与社会制度脱嵌的方向发展，并由此衍生出了秩序失衡、价值观混乱等社会乱象。而传统模式在定位思想政治教育对象的现实需求方面的精准度和有效性显然存在一定弱势，因此需要增加细细甄别和精准干预的社会视角。也正因此，思想政治教育的未来发展方向将更加倾向于精准化趋势，而在实现"精准思政"方面，大数据将发挥重要的保障作用。

第一，使思想政治教育更具针对性，这一点保障作用的实现主要通过对思想政治教育对象现实诉求的精准识别来实现。高校思想政治教育者在大数据技术的辅助作用下，可以精准获取思想政治教育对象在学校互联网终端和全景式网络覆盖校园环境中留下的数字痕迹和电子脚印，在此基础上，可以形成思想政治教育对象的全方面、整体化画像。在确保思想政治工作精准化方面，可以提升获取思想政治教育对象信息的及时性、随时性，从而通过客观把握思想政治教育对象的行为轨迹和动向的前提下，更为精准地反映思想政治教育对象的思想动态、心理变化。

第二，使教育方案定制更加精准。通过大数据技术精准识别思想政治教育对象的个体需求，可以实现分门别类划分和存储对象个体需求，进而建立数据库的效果。然后，在大数据技术（如人工智能深度学习）的链接作用下，建立起与教育对象信息、教育资源信息、教育环境信息等各类数据之间的联系，最终实现教育方案与思想政治教育对象高度契合的理想效果。

第三，使高校思想政治教育效果评估更加精确。在大数据技术的作用下，可以实现对思想政治教育行为的校准、实时跟踪、判定，并对思想政治教育对象的整体情况有更精确的检测结果。通过这种动态信息监测，一定程度上打破了传统思想政治教学评价的单一化、模糊化模式，从而提升了教学评价的科学性、精准度。总之，大数据技术在思想政治教育中的应用实现了"破旧立新"的突破，即打破了传统教育模式的模糊化，重建了精准化理念引导下的信息化、现代化教学模式。

（三）个性化理念

不同于传统思想政治教育的统一化育人模式，现代思想政治教育的未来发展方向和现下流行趋势都在于培养个性化的人才，这一点成功弥补了传统思想政治教育育人模式的弊端，更适应现代社会发展对多样化、个性化人才的现实需求，以及使人获得全面成长进步的发展目标。随着大数据在社会各个领域的逐步渗透，提高高校思想政治教育对象的个性化水平对于实现对人的精神引领、思想保障、人才培养目标的实现以及对社会的服务有重要意义。

首先，大数据资源具有种类多、数量大、内容丰富的基本特征，可以满足思想政治教育对象更加广泛和多样的信息获取需求，同时，这种个体化的需求在多元化知识体系的影响下，进一步凸显了思想政治教育对象的个性化。

其次，大数据实现了主客体之间的平等和双向建构性交流，使思想政治教育对象不再是传统教学模式中的"被教育"对象，主体地位更加凸显，可以说，对于高校传统思想政治教育模式而言，大数据掀起了主客体关系的飓风式转变。同时，为了与这种教育时代大趋势相适应，对高校思想政治教育本身也提出了进一步要求，即要革新教育理念，改变传统教师主导的教学模式，使之沿着更加个性化、创新性的方向发展，并在此基础上，鼓励思想政治教育者不断提升自身的思想政治素养和个性化教学素养，在课程设计时更加重视课程的个性化以及对学生个性化差异的尊重。只有这样，才能一方面通过与大数据技术的有机融合提升高校思想政治教育的个性化发展水平，另一方面实现学生的个人成长与进步。

（四）协同化理念

传统高校思想政治教育存在分散化、孤立化施教的情形，在思想政治教育形式方面，主要是依托课程育人，管理育人、服务育人、资助育人、组织育人等占比较低，全方位育人局面尚未形成；在思想政治教育渠道方面，主要是依托思想政治理论课主渠道，同向同行的课程思政育人模式尚未建立；在思想政治教育育人主体方面，主要是依靠思想政治理论课教师、辅导员等思想政治工作者，汇集学校、社会、家庭、学生的全员育人模式尚未形成。在这种分散化、孤立化的育人模式下，思想政治教育对象在不同活动领域表现出来的行为信息、思想动态信息之间的关联性不足，对于从不同维度全面深入了解思想政治教育对象、整合教育对象各类信息资源为思想政治教育决策提供依据十分不利①。

在大数据背景下，数据与数据之间不再相互隔离，信息与信息之间蕴涵着潜在价值。看似毫无瓜葛的事物之间却存在某种相关关系，通过对相关关系的挖掘，不仅能够发挥不同主体的合力效应，还能够对事物的未来发展进行趋势预测。高校思想政治教育要从注重因果性关系的探寻到兼顾相关关系的分析，树立协同育人的理念，构建全域育人模式，汇聚与高校思想政治教育相关的各个领域、各个层面的信息，借助大数据技术进行关联性分析，找出不同现象之间的内在关联，从而借助相关关系，更好地探寻思想政治教育对象思想和行为动向产生的原因。

总之，高校思想政治教育应当主动拥抱大数据带来的良好机遇，树立协同育人理念，在该理念指导下形成教育合力，打破部门和人员之间的信息壁垒，创新高校思想政治教育育人模式。

二、优化高校思想政治教育内容结构与实施方式

对于高校思想政治教育质量而言，影响其效果好坏的重要因素就在于采用何种内容结构和实施方式。在高校思想政治教育中融入大数据技术，根本目的在于显著提升高校思想政治教育质量，为此，就需要以对大数据技术的合理运用为前提，优化高校思想政治教育的内容结构，并适时调整实施方式。具体来讲，主要包括两方面内容：第一，从内容结构上来讲，要矢志不渝地强化宣传马克思主义中国化的最新成果，以对主流意识形态教育的凸显来确保高校思想政治教育的守正性；第二，从实施方式上来讲，要适度扩展与调节思想政治教育内容。将大数据技术与高校思想政治教育相融合，必须具备一定的数据素养、数据伦理和责任意识作支撑，只有这样，才能实现进一步深入发展大数据应用的长远规划。而这些基本能力的培养，除了依靠外部输入之外，还可以通过高校思想政治教育自身的内部结构优化获得，也就是说，在优化高校思想政治教育内容结构时，要将数据伦理、数据素养等基本内容纳入结构更新的范畴之内，从而为实现高校思想政

---

① 于乐，唐登蓥.信息技术与高校思想政治理论课融合的实践性思考[J].学校党建与思想教育：上，2018，000（009）：60—62.

治教育与大数据技术的更好、更快、更创新化融合提供有力支撑；此外，为响应时代发展形势，还要积极探索大数据技术在改善和优化思想政治教育内容实施方式方面的有效路径。

（一）突出主流意识形态教育

办好中国特色社会主义大学，要强化思想引领，牢牢把握高校意识形态工作领导权。在大数据背景下进行高校思想政治教育创新，保持高校思想政治教育的根本性质与基本原则不变，需要突出能够强化主流意识形态的教育。

第一，高校要进行马克思主义中国化最新成果的宣传教育。习近平新时代中国特色社会主义思想是最新成果的表现形式，其以"八个明确"为核心内容，为全党全国人民实现中华民族伟大复兴而提供重要的理论武器。以"十四个坚持"为基本方略，部署实现中华民族伟大复兴的基本遵循，明确在中国特色社会主义建设过程中应当树立的理念、应该由谁来领导、依靠谁来创新，以及如何发展和何以保障新时代中国特色社会主义等问题。为推动我国社会各项事业发展提供方法策略和基本遵循。

习近平新时代中国特色社会主义思想贯穿马克思主义立场观点和方法，展现当代中国共产党人的政治立场和价值追求。这一思想有力地回答了关乎高校思想政治教育根本性质和功能的重要问题，即关于培养人的目标、路径及归宿的问题。高校与党和国家的发展具有方向一致性，都是为中国共产党治国理政服务、为人民服务的。如何进行创新，高校思想政治教育都要以党和国家的发展任务和前进方向为指南，明确创新发展的社会主义方向，坚守正确的政治立场。这一思想蕴涵着丰富的政治内涵，为大数据背景下高校思想政治教育创新指明根本方向。要保证高校思想政治教育创新过程中的守正性，对习近平新时代中国特色社会主义思想的宣传与教育十分必要。

第二，加强社会主义核心价值观教育。作为我国思想政治教育的重要内容，社会主义核心价值体系是增强民族凝聚力的迫切需要，有利于引导全社会在思想道德层面共同进步，对国民良好品格和综合素养的养成具有重要作用。就现阶段社会发展而言，以大数据技术为代表的现代化互联网技术的迅猛发展，加速了各种社会思想之间的交流碰撞和相辅相成，而思想体系正处于建构发展阶段的青年学生尤其容易受到这种思想交融的影响。因此，高校思想政治教育在培养学生健康积极、正确向上的人生价值观，以及推动学生健康成长方面承担着重要的责任。

以大数据技术为依托，全面推进高校思想政治教育进程，引导学生树立健康正确的价值观念和人生观念也显现出了客观必然性。与此同时，对于高校而言，这也是确保自身的政治立场坚定正面、意识形态阵地坚定不移、教育方针现代化的必然选择。

第三，高校要加强"中国梦"的宣传教育，坚持高校思想政治教育的守正性。"中国梦"的宣传教育在高校思想政治教育内容结构中发挥坚定教育主客体理想信念的作用。"中国梦"的基本内涵是实现国家富强、民族振兴、人民幸福和社会和谐，这一基本内涵时刻警醒着高校思想政治教育的发展方向和目标追求。

大数据时代是一个融合网络化、信息化、新媒体、物联网等各种信息技术共生发展的时代，在这一复杂时代境遇下，信息来源的渠道增多，信息、资源等在大数据助推下，以更加及时、快速、广泛和共享的方式呈现在高校思想政治教育主客体面前，对人们认知和思想的影响呈现出前所未有的冲击，对人们的信息辨别能力产生一定影响。

"中国梦"是一种崇高的理想信念，在高校思想政治教育内容方面要突出"中国梦"的宣传教育，才能够弘扬中华民族的精神品质，增强民族凝聚力，从而坚定理想信念。坚持将"中国梦"融入高校思想政治教育中，是坚定高校思想政治教育正确政治方向、培养时代所需的社会主义新人的迫切要求。

第四，强化青少年网络道德教育。对于社会大众来讲，网络世界为其创造了一个实现精神满足的虚拟空间，因此，确保网络空间的风清气正对于青少年的心理健康和精神健康至关重要。而在实现这一效果方面，积极开展网络道德教育来确保网络空间的净化和网络生态的健康将成为一个有效途径。在信息化、现代化水平不断提升的当下，互联网与大学生的日常生活、学习之间的联系越来越密切，可以说，大学生常态化的生存空间已经转变成了网络。与此同时，高校一直承载着渗透各种舆论的重要职能，而在大数据技术与之相融合之下，高校网络传播也逐渐开始沿着开放化、直接性和快捷化的方向发展，可以说，对于当代大学生而言，网络舆论传播不仅使其建立起了积极正面的社会思想体系，也使其面临道德考验。

具体来讲，加强道德教育主要包括两个方面的作用：第一，通过健康正面网络道德环境的营造提升网络道德秩序的稳定性，进而使网络空间更加清朗；第二，道德教育所传播的正面思想可以引导大学生正确是非观念、价值观念的养成，从而有效约束大学生的网络行为。同时，也可以丰富大学生的网络道德实践，通过大学生文明使用网络空间、遵守网络道德安全规范、客观合理表达自我想法等方式，实现网络舆论的趋正性方向发展，对于大学生而言，也可以避免使其陷入网络陷阱，或者沉溺虚拟网络，无法适应现实社会等。

治理网络意识形态，搭建主流意识形态网络阵地，不断加强网络道德教育。在实现高校思想政治教育与大数据创新的有机融合过程中，高校必须首先树立网络道德教育观，重视对大学生的网络道德教育，只有做到这一点，才可以树立高校思想政治教育的正确方向，有力保障网络空间的净化效果，从而最大化发挥大数据技术的作用。

（二）融入大数据应用能力教育

在高校的思政教育体系中融入大数据，是一个创新的教育方式。互相融合的过程中，要充分依据思政教育的任务目标及发展规律，这是创新教育开展的基本保障。高校思政教育在对大数据技术不断借鉴与应用的过程中，也要为大数据的发展提供适宜的平台。相关的教育内容也应顺应时代的变化，选择符合大数据应用需求的内容，进而实现两者的高度融合，使思政教育的创新发展更为顺利。根据现阶段大数据的应用实况，思政教育的相关内容应进一步符合数据模式、信息原则以及相关的责任意识，这样的教育模式才能长效发展。

1. 开展数据素养教育

数据素养是人的一种意识，也是有效地使用、评估数据的一种能力。在高校的思政教育过程中，数据的素养能力涵盖了对数据的敏感程度、精准分析能力、使用研究情况及共享数据的意识；对数据收集、整理、探索以及运用的能力；使用数据的过程中保持良好的道德与规范。

现阶段，在高校的思政教育内容中合理加入数据素养的相关教育，可以适当指引学生遵守规章制度、履行道德准则。对于教育者来说，数据素养也非常重要，可以促进教师收集、分析数据的能力，并依据数据的分析结果正确地制订计划，进而解决实际存在的问题，同时也锻炼了教师使用大数据技术的技能。掌握大数据的相关知识以及操作技术，将影响大数据与高校思政教育的结合效果。

综上，在高校中开展数据素养教育，对于教育工作者以及教育接受者是受益匪浅的，有助于他们形成正确的价值观、明确的态度以及合理的行为准则，进而提升了全员对数据价值的认知能力与意识，为数据访问提供了稳定的平台，构建了运用数据反映事实的环境与氛围。

高校的思政教育与大数据是两个完全不同的学科，依托高校思政教育开展数据素养是不合理、不符合实际的。所以应探索一条科学的教育途径，现阶段普遍的教育实践是以图书馆为载体，进行信息素养的教育。与此同时，也应摸索一条数据素养教育与专业教师共同协作的道路，把相关内容融入课程计划与实践活动中；也可以是数据素养教育与学生创新学习的协作途径，把相关内容融入学生的学习过程中，以及与相关的数据库商的协作途径，运用专业人员对数据库的掌握能力，锻炼学生关于数据的各方面技能等。

2. 开展数据伦理与责任意识教育

一项技术的开发目的是构建一个新的发展环境。当今社会，互联网信息技术发达，大数据借助发达的互联网平台，渗透到了社会发展的各个角落，起到了举足轻重的作用，进而引起了社会的改革。

在发展大数据技术的过程中，也面临一些矛盾与冲突，这也映射出大数据技术存在一定排异性。大数据技术包括相关的技术规程和行为规范，同时，还要求要有优秀的道德规范及稳定的职责意识。随着大数据技术的逐步发展，社会中也产生了一些数据伦理的相关问题，研究者利用已经产生的实际情况或以大数据为客观依据，对未来可能会发生，或是潜在风险进行了相关的理论演示。

社会中的每个人都会受到数据伦理的影响，因此应运用相关措施不断完善大数据技术。当今社会最为突显的问题是，数据的主体与客体是否在主动维护数据的伦理原则，尤其是在高校的思政教育过程中，大数据与思政教育的创新融合也不可避免地存在伦理方面的风险。面对这样的风险，高校思政教育要不断优化教育内容，进一步树立伦理意识以及责任意识。这既是新时代下道德的规范，同时也是信息社会的必然要求。但是，具体到每个人的行为则很难预料，这与其后天的综合素养有一定关系。

高校思政教育的德育作用是增强人的德性、满足现代发展需求，树立数据伦理以及责任担当，这个过程释放了教育工作者对大数据运用过程中相关的道德情怀，为后天的行为奠定了坚实的情感基础。尤其是数据伦理以及责任担当的教育层面，运用相关技术手段，形成交互、渗透的教育模式，使教育接受者在这两个层面的渗透过程中逐渐建立起主观的道德规范。向数据使用者强制发号施令，要求遵循一定道德规范，规定什么是应该做的、如何做，这样可以暂时地规避大数据产生的伦理风险，但同时也缺少有理有据、更具说服力的相关内容与情感。高校思政教育在推行数据伦理以及责任担当的教育时，应以"善"为原则，而非强制性的方式，优化数据在传播、利用的过程中使用者的行为规范与道德准则，以理性、合理的方式，使教育接受者在教育过程中深化理解，形成数据伦理意识，逐渐克服伦理困难，进而强化数据伦理与责任担当的教育效果。

（三）变革高校思想政治教育实施方式

如何将思想政治教育内容传递给教育对象，以何种实施方式进行传递，会影响思想政治教育内容功能的发挥以及高校思想政治教育效果的好坏。在传统的内容实施方式中，往往对内容不加分类，没有分时机、分场域、分阶段有针对性地实施，没有很好地与教育对象的现实需求相结合，思想政治教育内容的价值也未得到有效发挥。

一方面，要善于借助大数据的分析技术和监测功能，将高校思想政治教育经常遇到的事情，按照内容和性质进行聚类筛选。按照内容是将不同的事情划归为思想教育内容、政治教育内容、法制教育内容、心理教育内容、媒介素养教育内容以及网络文化教育内容；按照性质是将不同的校园事件和社会事件，依据是否与思想政治教育对象的利益直接相关进行分类。然后才能更加有针对性地进行思想政治教育。

另一方面，借助大数据算法模型对内容进行精准推送。当前，高校思想政治教育走入互联网是大势所趋，如建立微博、微信公众号、入驻抖音等方式在网络上宣传主流价值观，进行价值引领，是走近学生的必由之路。高校要在对算法有更多了解的基础上，积极打造"接地气""有生气"的官方网站以及各种 APP，及时、精准地向学生进行思想政治教育的内容推送。

三、优化创新高校思想政治教育方法

高校关于思政教育方式主要以思政教育的任务计划为目标，运用相关的方式、手段达到目的的整个过程。其中的方法与手段在不断变化，但伴随思政教育体系的不断完善，个中的方法也在优化与改善，有助于达到思政教育要求的教学效果。大数据技术的运用为思政教育创造了更多的可能性，突破了传统的教育方式，大学生的价值观念以及思想意识也呈现多元化。因此，在新时代背景下，教育方式的优化与改善有助于大数据与思政教育的高效融合，进一步提升了高校关

于思政教育的创新能力。

（一）经验型与实证型研究方法相结合

时代在飞速发展，高校思政教育也同样面对更多元、繁杂的实际情况，所以相关的研究方式也应与时俱进，不断优化教育层次，秉承传统优越研究方法的同时，也要顺应时代的发展潮流，形成全新的方法。进一步关注经验以及理论的逻辑关系和运用传统的研究方法，进而在思政教育的人文基础上产生基本的方法。这样释放了思政教育者的共同情感，是极具优势的体现，也是思政教育"温情"的一面。

随着大数据技术的不断发展，思政教育接受者的生活环境、学习条件也在不断变化，因此，仅仅掌握传统的经验研究方法不足以全方位地了解对应的教育对象。大数据运用其实证性的研究方法，补充了传统方法的不足之处，突显了优势。大数据技术的实证性研究是以全体样本为数据基础，实现了对教育对象各项情况的数据化分析，也映射出教育接受者相关的言行变化、思维结构等相关数据，增加了对其具体、多元的了解机会；与此同时，大数据技术的实证性研究的数据是实时、变化的，可以随时掌握教育接受者的动态，这是显著的优势。大数据技术的实证性研究更为关注数据间的联系，进而深入分析不同对象的不同行为的相关数据，可以进一步发现数据的潜在内容，这对于掌握教育接受者的思想思维有重要意义。

综上，借助大数据技术的研究方法，不但弥补了传统研究方法的不足，同时也体现了高校的思政教育要顺应时代变化，不但强化实效性，也促进了新方法的形成。为了进一步实现高校思政教育与大数据的高度融合效果，应不断探索全新的思政教育体系，把大数据技术融入传统的经验研究中，进而促进新的实证性的研究方法体系，将高校思政教育打造成真正意义上的新时代学科。

（二）数字化技术与人文精神相结合

大数据的广泛应用推动了数字化技术的不断发展。数字化是依据计算机的识别功能或是二进制码处理，将不同的文字、声音、图像用 0 和 1 来体现，然后借助互联网传播的过程。高校思政教育运用数字化技术丰富了教育资源库，传播了教学资源，并实现了浏览资源平台的思政教育，进而运用数字化技术整理与分类相关的教学资源，推动了思政教育的改革步伐，拓宽了高校思政教育的覆盖范围，增强了高校教育效果。因此，高校思政教育过程中合理地利用数字化技术是未来发展的大趋势。同时，数字化技术也在潜移默化地影响着高校思政教育的内在精神理念——"以人为本"。人文精神涵盖的内容广泛，涉及人的信念、需求的探索、公平正义、人性的尊重、个性化发展等。以人的思考为基础，对人的关爱是过程。科学技术的支配是理性的，所以高校在思政教育中融入数字化技术时，要更加注重人文精神的关怀以及以人为本的观念。为了进一步加快大数据与高校思政教育高度融合的创新步伐，应将理性的数字技术与感性的人文精神有效结合，这样既秉承了高校思政教育的传统，又展现了大数据时代的价值。

应进一步延伸高校思政教育中以人为本的办学理念。应用数字化技术可以收集与分析思政教育接受者的行为信息，在这个过程中也应充分遵循以人为本的教育理念，同时要将这样的理念落实到具体的思想政治实践中。要进一步提升高校教师与学生人文素质，进而构建高校稳定的价值体系，避免大数据作用下的"跟风"现象；与此同时，要积极使用大数据的数字化技术完成人文关怀，借此实现每位学生的"肖像刻画"，进而使学校可以深入、全方位地了解学习者，以此为切入点，将个性化的人文关怀与服务落实到每名学生身上，这也映射出高校思政教育对师生的人文关怀。

（三）传统载体与大数据载体相结合

载体在连接高校思想政治教育者与思想政治教育对象的过程中发挥着至关重要的作用，是搭建双方沟通的桥梁，也是推动高校思想政治教育顺利开展的中介。随着高校思想政治教育宏观及微观环境的变化，对高校思想政治教育载体的选择也提出了新的要求，不仅要更加符合时代特征，还要承载更多的信息、覆盖更广的范围以及易于操作，这是推动高校思想政治教育创新的迫切要求。

大数据在满足这一要求方面有其特有优势，不仅能够成为高校思想政治教育者和教育对象沟通交流的中介，还能够实现即时性、个性化和追踪式交流互动的新形式，并且与传统载体相比，承载了更多的信息。与传统载体相比，大数据载体能够实现对现代网络社会"虚拟人"的捕捉和了解。众所周知，互联网、物联网、移动智能等信息技术的发展，使未来的人有两种存在形式：虚拟存在和现实存在。有了虚拟存在的生存空间，现实存在难以捉摸的个人可以在这里"高度透明"。传统思想政治教育载体难以通过"虚拟人"对"现实人"进行深度挖掘，而大数据载体却能够弥补这一缺憾和不足。所以，只有将传统的载体优化升级并与大数据载体相结合，才能更加有利于实现高校思想政治教育的创新。

四、构建高校思想政治教育创新大数据管理机制

大数据的出现为高校开展思想政治教育工作提供了大量的资源，能够让思想政治教育者全面地认识了解受教育对象，还能让教育工作者分析不同因素之间的关联，对受教育者的动态变化做出及时响应。虽然大数据有诸多优点，但是有一些思想政治教育工作者却没有意识到大数据的重要性，不具备较高的数据素养，而且数据分享不流畅，存在明显的数据伦理问题，之所以会出现这样的问题，是因为思想政治教育的管理机制没有建立健全。

思想政治教育工作和大数据技术的融合需要注重管理，大数据在教育工作当中的具体应用需要有组织、有计划地管理，还需要有专人领导负责。因此，需要构建大数据决策机制、大数据运行机制以及大数据的约束机制，从管理的角度为大数据的有效运用提供保障。

（一）决策机制

首先，始终坚持以党委作为思想政治教育和大数据融合工作的领导。从性质的角度来讲，我国的高校是社会主义的，因此高校的发展应该始终由中国共产党领导，只有坚持党的领导，才能让高校始终朝着正确的方向前进。大数据是新出现的战略资源，对资源的利用需要高校单位进行正确领导、统一决策，一定要发挥我党的领导作用，以此来保证思想政治教育和大数据之间的创新融合符合社会主义要求，且带有社会主义性质。

其次，利用大数据技术促进思想政治教育工作的创新发展，制定创新发展的战略规划。战略规划是从全局的角度，以整体的眼光分析预测事物的发展方向，从整体的角度统筹各个事物之间的发展关系，以此来保证计划能够顺利开展。在高校使用大数据、结合大数据展开创新，是一场自上而下的改革，为了能够实现预测的改革目标，需要制订战略发展计划，按照计划有目的、有方向的实施。高校应该主动响应国家提出的大数据发展战略的号召，积极、主动地推动思想政治教育和大数据技术的战略结合，重视大数据工作开展，对大数据技术有正确的认识态度。除此之外，大数据技术在高校的实施和应用需要购买数据技术使用所需要的设备，还要搭建数据平台，这些都需要学校提供资金，与此同时，无论是创新还是应用，大数据都涉及众多主体，高校要从全局的角度统一协调各方主体，激发主体参与大数据建设的积极性。在进行战略规划时，一定要考虑到这些现实问题，从资源的获取、平台的搭建、结构的管理、利益的分配以及工作评价、奖

励等方面科学合理地规划，使技术更好地应用，使资源更好地被利用，只有做好战略规划，才能保障大数据在高校的创新任务。

再次，建立健全高校思想政治教育融合大数据创新的组织机构。高校思想政治教育各部门应积极落实《关于加强和改进新形势下高校思想政治工作的意见》精神，建立学校党委统一领导下的高校思想政治教育工作领导小组，对高校思想政治教育运用大数据进行统一规划部署、组织实施和评价考核；吸纳高校信息化管理部门的参与，为高校思想政治教育融合大数据提供技术标准、技术能力等硬件条件。高校思想政治教育其他相关部门则负责将大数据结合到高校思想政治教育过程中的具体实施。同时，在高校思想政治教育工作领导小组的统一规划下，建立思想政治教育与大数据技术部门的沟通协调机制，吸收大数据技术人员，进行团队合作。最终形成党委统一领导，思想政治教育工作领导小组规划部署，各部门分别实施的完善管理体系。

（二）运行机制

在思想政治教育中应用大数据，要关注大数据是否能够良性运行，运行状况直接影响到大数据创新的结果，只有运行机制是良好、有序的，创新决策才能够发挥真正的效用。

第一，应该建立数据的内外联动机制，机制的建立有助于教育工作者更好地获取大数据、运用大数据。大数据工作对外要积极和政府、社会之间建立数据合作，通过合作的方式能够实现数据的共享，让数据库始终有源源不断的外部资源；大数据工作对内要建立起数据存储机制，而且建设时应该以校园网络的管理部门为中心，发挥管理部门的管理作用，统一协调不同部门之间的沟通和合作，尤其是和思想政治教育工作直接相关的学院部门，比如马克思学院、学校宣传部、学校学工处等，这些部门一定要做好数据及信息的流通共享，只有部门之间建立了联系，数据才能被高校利用，只有这样才能保证数据应用在思想政治教育工作中。

第二，应该建立数据的协同共享机制，实现全域育人的目标。高校思想政治教育工作不仅涉及教师和学生，还涉及辅导员、学校教学工作管理者、学生工作管理者以及家庭、社会。可以说，思想政治教育工作是全员参与、全方位培养、全程育人的一个教学过程，为了让数据能够得到更好地利用，也为了发挥出数据具有的价值，需要建立数据的协同共享机制，但是前提是要保证数据信息是安全的，因此，需要制定具体的流程和规定，明确数据可以流动的方向及数据的边界范围，只有这样才能让数据协同共享机制发挥出最好的效果。

第三，应该建立科学合理的运行机制，只有运行机制建立健全才能够保证大数据的创新工作发挥出最大的作用。运行机制包括激励机制、评价机制、沟通机制等，这些机制的存在有效地推动了思想政治教育工作的开展，而且这些机制能够让系统更加规范地运行。首先，大数据系统具有的扫描功能能够精准地展现个体具有的特殊性需求，能够有针对性地对不同的个体采取不同的领导，能够最大限度个性化激励受教育者；其次，大数据系统具有的动态跟踪功能，能够让思想政治教育工作者及时获取动态的更新信息，以此为依据，思想政治教育可以构建对受教育者过程的评价机制；再者，大数据系统具有的及时高效的功能特点，能够使信息更快、更完整、更及时传递，有效地避免了沟通障碍，在这样的情况下，管理者能够更快地获得群众的意见，管理者的管理措施也能够更快地传达，使得思想政治教育有了更加快速、精准的沟通机制；最后，大数据系统具有的关联优势，通过大数据分析，可以找出不同事实之间存在的关联，大数据系统始终能用最近的事实展开说服，以事实为依据，思想政治教育的说服机制更加地有说服力，更加能让人信服。综上所述，建立健全机制能够促进大数据更好应用，减少应用中遇到的阻碍，阻碍的减少能够让思想政治教育和大数据之间的结合更加顺利、紧密。

（三）约束机制

大数据是新时代发展缔造的新事物，和思想政治教育的结合给思想政治教育带来诸多有利影响之外，也引发了一定担忧。思想政治教育的主体和客体会担心信息安全问题和隐私问题，因此，需要高校建立健全约束机制，通过机制的建立加强对数据的管理力度，保护教育主客体的信息安全。

首先，建立健全约束机制，能够让数据的管理更加科学、合理、安全。制度应该包括数据的采集、使用、公布、审查及数据的安全，涉及各个方面的制度才是完善的制度，才能够发挥出制度的应有作用。

其次，对数据按照类别分类，不同类别的数据可以实行不同的约束制度。可以根据属性将大数据分为两种：一种是公开数据，这种数据不具备较高的风险，在使用时可以依据相应的管理规则展开管理；另一种是隐私数据，这种数据的风险系数较高，无论是数据的采集，还是数据的运用，都应该注意数据的保存，数据使用人员也应该是固定的，而且还要设置保密密码、保密规定。根据数据的范围分类，可以分为两类：一种是局部数据，另外一种是全局数据，如果只是单纯使用局部数据，则不太涉及信息的安全，但是如果想要通过局部数据拼凑形成全局数据，那么数据的危险系数就会增加，因此，要对全局数据做出明确的使用规定和使用范围。建立健全约束机制能够在一定程度上保证信息的安全，甚至可能完全的避免信息泄露及隐私泄露问题的发生，可以说，约束机制的建设有效地保证了思想政治教育工作和大数据工作融合创新的长效发展。

五、建立健全高校思想政治教育创新保障体系

为了保证高校思想政治教育创新活动正常、有序、协调、持续开展，思想政治教育工作系统高效而和谐地运转，必须建立健全保障体系。为此不仅要补足技术短板，强化数据资源的供给和数据处理能力的提升，还要完善大数据人才保障，建立一支既懂思想政治教育又懂大数据技术的研究实践团队；还要从伦理方面提供支持，化解大数据运用过程中的伦理风险，保证高校思想政治教育的伦理属性。

（一）大数据技术保障

高校思想政治教育工作者是否具备应用大数据的能力涉及能否深度理解数据、能否更好地运用数据、能否结合大数据进行创新。思想政治教育工作者能否高效地运用大数据受到很多因素的影响，其中最为基础的因素是工作人员是否能够熟练地使用大数据技术，思想政治教育和大数据之间的融合创新涉及挖掘数据、分析数据、重组数据、可视化数据等技术。当今时代是网络时代，是信息化时代，信息和网络已经深入到思想政治教育的各个环节，思想政治教育工作者能够充分利用技术提高工作效率，但是，对大数据技术的使用却没有得到大范围推广，处理数据依然局限于少量数据、结构化数据以及具备相似性的数据中，无法应用大数据进行大量数据的收集、分析、重组，无法让数据变成视觉化的结果。除了大数据的应用方面，在管理方面受到语义网络建设缓慢的影响，目前，数据并没有得到统一，所有数据都被存储在各自独立的系统当中，不利于数据的分享和流通。如果无法解决以上技术方面的困难，高校的思想政治教育工作就无法和大数据深度融合，如果想要让大数据创新更好的和思想政治教育工作结合在一起，那么就需要补足技术方面的不足，需要学校、社会等诸多力量的共同参与、建设。

从宏观的角度出发来看，目前整个社会的大数据技术应用都存在发展缓慢的问题，这需要从国家的层面制定措施，在政策及资金方面为大数据的更快发展提供支持。除此之外，技术的发展也需要社会层面积极创新。从思想政治教育的角度来看，想要融合大数据敞开创新，需要加大对大数据技术的引进力度，支持大数据技术工作的开展，让思想政治教育工作越来越信息化。除此之外，学校也可以和外界展开合作，借用社会力量推进大数据技术在本校的应用。与此同时，学校也应该建设属于自己的大数据技术平台，这是因为学校能够从外部获得的数据资源是有限的，由于社会上的机构或者企业在分享资源或者提供资源的时候会考虑到自身的利益，因此，虽然它们有非常先进的技术，但是却很难被分享，学校很难获得机构或企业当中的重要数据，而且思想政治教育方面需要的数据，很多社会机构、社会企业并不具备。因此，学校在积极和外部展开合作的同时，也要从内部着手建立自己的大数据技术平台，收集更多的数据，信息内外同时并进才是高校思想政治教育和大数据结合的应选之路。此外，高校还应该建立自己的数据计算平台。数据计算平台主要是分析数据、处理数据，让数据更加适合思想政治教育发展的需要，高校在开展大数据技术工作时，要积极创新，突破固有思维的限制，打破目前存在的技术瓶颈，而且还要建立网络化的管理体系，设立统一的数据标准，只有这样才能够让所有的数据都被统一收集到数据库中，才能实现数据信息的整合、共建、分享，也只有这样，才能够让信息汇聚成一片"汪洋"，避免出现"信息孤岛"。

总的来说，应该从两个方面做好大数据的技术保障工作：首先是和外部积极展开合作；其次是积极建设自身的技术平台、数据平台，只有这样才能保证大数据技术工作顺利进行。

（二）大数据人才队伍保障

高校想要实现思想政治教育和大数据的融合创新，需要大数据人才提供支持，只有具有人才才能应用数据，才能管理、整合数据。思想政治教育和大数据的融合创新，除了在技术方面积极投入外，也应该招聘专业的数据人才，因为教育和数据结合之后，收集的数据需要专业人才分析和整合，能发挥出数据的价值。

目前，高校的思想政治教育师资队伍中的人才大都和思想政治教育相关，几乎没有和大数据技术相关的人才，这导致师资队伍对大数据技术缺少敏感度，进而导致了高校无法充分挖掘信息与数据。而大数据领域内的专业人才，虽然能够分析数据、处理数据，但是并不具备专业的思想政治教育知识，不了解思想政治教育的本质内涵以及教育目标，在数据分析时，无法投入思想政治教育所蕴含的思想情感。分析思想政治教育的数据需要工作人员带有思想情感对大量的数据展开语义分析，寻找数据背后的关联，并以可视化的结果呈现出数据，也就是说，高校需要的是开展思想政治教育和大数据融合创新的人才，不仅要具备大数据的专业技术，还要具备思想政治教育的思想和情感。

人才的缺乏可以从两个方面来解决：首先，在引进思想政治教育师资人才时，要注重从多元的角度招聘人才，尤其是要引进具备大数据技术的人才。大数据技术人才的引入能够提高思想政治教育师资队伍的整体数据意识，让思想政治教育师资队伍注意到数据的重要性，提高对数据的敏感度，让师资队伍对数据有更高的判断力、洞察力，加强队伍对大数据技术的认同。在具体的教学实践中，教师能够更加敏锐地察觉到和教学相关的数据以及数据的变化，对于大数据技术的应用来讲，具备数据意识至关重要，意识的发展能够提高思想政治教育工作者对于数据的敏锐力，有助于思想政治教育工作者主动运用大数据技术。其次，高校可以组织思想政治教育工作者学习网络技术知识，学习统计学的知识，组织和大数据有关的技能培训，为了提高工作者参与培训的积极性，学校可以在物质方面给予一定政策支持或者补助，从而有助于思想政治教育工作者积极投入到大数据技术的学习中。最后，学校可以学科协同发展。学科协同发展需要学校开发和思想政治教育相关、大数据技术相关的课程，通过系统的培养为思想政治教育储备具备大数据技术的相关人才。这种培养模式能够培养出具备大数据技术及思想政治教育思想觉悟的人才，学科协同发展模式需要学校综合马克思主义院系、计算机院系的资源，共同设计制定出个性化的培养方案。

综上所述，加大对人才的培养有助于保障大数据技术在高校更好地应用。

（三）大数据伦理保障

1. 重塑积极技术伦理观

与积极伦理观相对应的是消极的技术伦理观，两者差异表现在对伦理与技术的本质理解。前者认为技术和伦理是融为一体的，技术本身具有伦理需要，而伦理本身塑成了技术行为，技术是一种特定的施为能力，这一能力的呈现以伦理为实践上的金科玉律。后者则将伦理与技术对立和分离开，将伦理视为置于技术之外的规范和管理，进而把技术当作纯粹的中立工具。随着新技术发展造成许多超出现有规范框架的伦理后果，以及面对未知人性的天然焦虑，消极的技术伦理观念的产生并不足为奇，当下普通公众甚至不少专家都持有这种态度。但是，消极的技术伦理观存在诸多弊病，对新技术的社会结合和应用效果有限：一是，消极的技术伦理观对新技术发展的紧迫需要敏感度不够，导致公众对其伦理审查方式愈加不满，其合法性遭到质疑；二是，新技术发展带来的多元社会后果有时难以预料，而消极伦理观的审查框架总是滞后于技术的革新速度，导致在实践上难以提供充足的伦理资源。面对这一困境，在技术发展趋势下，需要重塑积极的技术伦理观，以便更好地解决技术发展带来的伦理困境。

重塑积极技术伦理观的前提，首先要对伦理传统的初衷有一个清醒地认知。伦理的目的并非告诉人们不该做什么，而是应该做什么，理解并践行善的生活是其基本要义。伦理的价值在于要求人们塑成善的生活原则。

其次要对技术有科学地理解。技术作为一种特定的理性行为，应当具有工具理性和增进人的幸福两重要素。技术的行为者应当渴望技术而不是拒绝技术，应当发展必要的知识，以便制造一切有益于实现幸福的机器。基于对伦理和技术的理解，作为技术实施者应当突破传统的技术风险评估视角，以积极的技术伦理观重视"技术"的研究。在这一观念指导下，在技术研发设计阶段的价值取向，应当是推动科技进步、促进社会发展、改善人民生活。面对大数据带来的伦理风险持续发酵，大数据应用主体也应当转变传统消极伦理观念，以"技术向善"的理念积极拥抱大数据，以消解高校思想政治教育的大数据伦理担忧。虽然积极技术伦理观的塑造尚处于尝试和探索阶段，但理应是人们孜孜以求的目标。

2. 谨守伦理原则

想要塑造正确的技术伦理观念，需要循序渐进，不断摸索。大数据技术的应用存在一定伦理风险，但是可以采取必要的措施加以规避。不同的伦理问题有不同的处理措施，遵循不同的伦理原则。一般情况下，主要涉及以下伦理原则：

第一，无害性原则。思想政治教育最本质的目的是培养德行兼备的人才，教育的根本方向是人，要将学生培养成全面发展的社会主义人才。因此，教育的发展必须尊重以人为本的思想，一切措施、技术的应用都要保证受教育对象的身心健康发展不会受到影响，都要保证思想政治教育始终沿着正确的方向发展，这是所有技术应用的前提。

第二，权责统一原则。之所以会产生大数据的伦理问题，一个主要原因是无法确定到底是谁侵害了受教育者的数据权利、数据利益，无法明确数据到底如何流失、泄露，无法明确全责使很多人为了利益泄露数据。为了避免此类情况出现，高校应该明确数据的收集主体、使用主体，只有将责任划分清楚才能避免数据的泄露。

第三，尊重自主原则。很多高校在应用大数据的过程当中都存在不公平、不平等的情况，学校收集来的受教育对象的相关数据在使用后并不会自动清除，而且很多数据的收集没有经过受教育对象同意，是在受教育对象没有意识的情况下收集到的，这样的做法为数据的伦理问题的出现埋下了隐患。即使为了应用而收集受教育对象的数据，也应该在数据被应用前，征询受教育对象的同意。换句话说，在使用思想政治教育受教育对象的数据时，应该通知受教育对象，获得受教育对象的允许，而且受教育对象应该有删除数据的权利，要尊重受教育对象自主运用数据的权利。

3. 完善相关法律及规章制度

除了遵守原则，强化理念外，伦理风险的规避还应该从法律法规的角度出发，形成一定硬性约束力。法律法规或学校的制度有权利对不符合规范或者不被允许的行为做出惩罚，惩罚的存在可以约束人的行为，让人在法律法规的约束下正确使用大数据。

从国家的层面来看，需要完善大数据方面的法律法规，加强对个人数据的保护，与此同时，还要加大执法力度。目前，我国法律法规对大数据的发展持有的看法是要积极维护数据安全，要在法律法规方面健全对大数据的管理，保证大数据能够健康地发展。在《中华人民共和国网络安全法》中，明确规定了网络数据不可以被泄露，也不可以随意篡改，更不可以窃取网络数据。法律的明确规定使得人们在保护数据时有法可依。

从学校层面来看，要建立健全和大数据相关的制度，通过制度的建立保障大数据的工作能够遵循法律及规章要求，学校可以根据自身政治教育工作的需求，调整大数据的应用范围和应用力度。在思想政治教育领域应用大数据能够有效地缓解工作者的工作强度，但是一定要注意，不可以因此过度依赖数据，不可以让数据成为工作的主宰。工作者一定要始终铭记思想政治教育应该有的思想内涵，教育具有人情温度，应该始终坚持以人为本的教育理念，应该关注到受教育对象在情感方面的需求。与此同时，学校应该对合作机构的资质和信用进行严格调查，避免在合作中出现数据泄露的问题。除此之外，高校也应该建立相应的数据监管措施、数据防控措施，明确数据的采集过程和数据的使用范围，将职责明确清楚，从根本上避免对数据的滥用。

第六章　高校创业教育及其信息化建设研究

创业是高校毕业生的发展方向之一，创业教育也成为高校教育的重要组成部分。在大数据技术影响下，高校创业教育迎来了广阔的发展空间，对市场动态的敏锐感知、教育过程的精确调控、对学生的精准帮扶，都能够有效提升高校创业教育水平，提高高校生创业的成功率。本章内容包括我国高校创业教育发展概况、信息时代对高校创业教育的影响、高校创业教育信息化体系构建、高校创业教育信息化体系实施保障。

第一节　我国高校创业教育发展概况

一、高校创业教育模式

高校创业教育是在政府主导下，以高校为主体，整合社会各方面资源，对学生进行创新思维及创业能力培养的教育。创业教育主要通过传授创业知识、组织创业实践活动、举行创业相关赛事等形式，培养和挖掘学生内在的创新及创业意识，提升学生的创新能力、组织能力、领导能力等，从而促进学生全面发展，实现自我价值。

模式是为了解决问题和实现目标的方法论，不仅包括一定的理论基础，还具有可实践的系统化操作程序。模式经常被使用在学科实验模式、经济发展模式、企业盈利模式等方面。在教育研究领域，最早将模式引入的是美国教育心理学家乔伊斯和韦尔，他们通过研究教学过程中各影响因素之间的关系及作用，并深入分析和整理教学各环节的样式以及具体的运行程序，最后为教学理论与教学实践相统一提供有效的办法。一种理念要想实现，需要有可实施性的具体操作，教育理念的实施必须通过具体的教育模式，才能够更好地得到实践和推广。

教育模式既是实现教学目标的方法论，也是教育目标、课程设置、教学形式以及其他形式的系统构架。高校创业教育模式与教育模式有着相交部分，又有自身的独特之处。两者的相同之处在于，创业教育模式属于教育模式的一种，在实施过程中必然涉及教育规律、教育理念、教学设计等方面；不同之处在于，创业教育涉及的主体更广泛，对师资要求更高，对于实践教学需求更多，在模式构建方面更丰富。

高校创业教育可以用五个维度概括活动过程，包括教学范围、课程设置、制度特征、外界支撑及评估。创业教育模式是创业教育系统、具体的构成，其内容可以包括创业教育目标、创业教育教学形式、创业教育课程、创业教育师资及创业教育支持体系[①]。

（一）影响高校创业教育模式的因素

高校创业教育是一项复杂的系统工程，既镶嵌在大学的运行体系中，也与社会宏观层面的支撑体系有着紧密联系。因此，全社会的广泛参与、创业教育各相关主体的协调沟通、互动学习与协作是高校创业教育顺利开展的基础。根据高校创业教育模式微观的运行层面和宏观的支撑层面，可以将高校创业教育利益相关者分为高校行政人员、高校教师、学生，高校、政府与社会。

（1）高校行政人员。行政人员作为创业教育的服务者，在创业教育的计划制定、学校创业教育教学活动安排及创业教育相关事项的具体执行方面起到重要作用。高校行政人员通过制定学校创业教育政策、教学体系、教学课程等，影响创业教育的实施和改进，因此对创业教育的理解和认识，将直接影响此项教育的实施。

（2）高校教师。在创业教育教学中，教师是创业教育实施的主体，不仅要教导学生基础的创业理论，还需带领学生进行必要的创业实践活动，以达到"做中学"的效果，从而培养学生的创业素质、创业能力和创新精神，激发学生创业方面的潜在意识。教师在创业教育方面的素质及能力，关系到创业教育的质量和

---

① 芮国星. 信息时代高校创业教育体系研究 [M]. 西安：陕西师范大学出版社，2016.

实施效果，因此，教师是影响创业教育目标实现的关键主体。

（3）学生。高校学生不仅是创业教育的受教主体，也是最终的教育受益者。创业教育的目的是希望通过提升学生的创业能力及创新思维，以达到促进学生素质全面发展、加快高校教育改革、推动社会经济发展。学生能力的提升，可促进创业教育目标的实现。同时，学生通过创业教育，能够满足自身对创业知识及能力的需求，提升未来就业与创业的竞争力。

（4）高校。在创业教育中，高校不仅是主要实施者和管理者，也是创业教育开展的主要场所。高校不仅要管理创业教育微观运行层面中的行政人员、教师及学生，还要做好与政府和社会之间的合作与交流。高校是创业教育实施的主要场所，连接着微观运行层面与宏观支撑层面的各主体。

（5）政府。作为创业教育的主要推动者和支持者，政府不仅是重要政策的制定者，同样是各种资源的整合者，也是创业教育的协调者。政府的引导和支持对创业教育起到至关重要的作用。例如，创业教育的资金供给需要财政部的财政划拨，政策的完善和改革更离不开教育部的政策制定、政策调整、执行监督、效果评估等。

（6）社会。创业教育是一个系统性工程，除了政府、高校，还需要社会各方面的支持和帮助。对于高校创业教育，这里的社会主要指企业、相关产业及社区等，在创业教育实施和发展上起到重要的推动作用。例如，企业与高校合作，能够在资金提供、技术及市场方面为创业教育提供帮助；创业组织能够为高校创业教育提供具有创业经验的师资力量和经验等。

（二）我国高校创业教育主要模式

自高校创业教育进入全面推进阶段以来，创业教育在国家政策法规、财政经费的支持下，在高校自身尝试探索下得到长足发展，并取得优异成果。各高校依据自身的学科特色和地域特点，从不同的视角对创业教育进行解读，采取不同的形式进行工作安排与管理，在开展过程中逐渐形成多种多样、各具特色的类型，促进多元化发展。目前，我国高校创业教育模式如下：

1. 以课堂教学为主的创业教育

以课堂教学为主的创业教育培养，目标是大学生创业思维的培养和基本理论的熟练掌握。加强理论学习，采取的方式主要是设置相关课程，其教授的内容主要是相关理论知识和基本知识，教授方法是教师的教和学生的学相结合。在实施过程中倾向于这一类型的院校有中国人民大学、武汉大学等。

中国人民大学结合本校学科特色、教学实际和改革方向，将培养目标设定为三重目标，第一重目标是基本的，是激发意识；第二重目标是浅层次的，是掌握知识；第三重目标是根本的，是提高素质。在三重目标引领下，学校将理论课堂和实践课堂衔接起来，两者合力发挥其作用，实现教学效果的最优化。为实现第二重目标，在开设一系列专业课程之外，还设置与其相关的辅修专业，扩大学生的知识面。三重目标是递进发展的，层次一步一步加深，高校只有在第一层次目标实现后，才能向更深层次的目标发展。

武汉大学提出"三创教育"的新理念，并进行丰富的理论研究。其做法是不将创业教育看作一个独立的整体，而是将其看作整体的一个部分，这一部分顺利开展的前提是有一个良好的文化环境，在实施时将其融入专业教学中，同时需要和课外活动联系起来，在整体中有效发挥部分作用，达到预期的结果。课程设置的形式是以选修课为主，此类选修课面向全校学生，旨在让全校学生学习基本知识，在头脑中产生创业意识。

2. 以创业能力提高为重点的创业教育

以创业能力提高为重点的创业教育，指培养目标侧重于能力的提高，通常情况下，开展的方式是采取课堂教学与实践相结合，在实践中实现目标。在实施过程中倾向于这一类型的院校有北京航空航天大学（以下简称北航）。为了加强实践锻炼，提高动手能力，北航成立专门的培训机构，该机构与其他实践平台谋求合作，共同对学生进行培训，使该机构逐渐成为学生实践的主要平台。

该机构不仅是一个培训场所，更重要的是对学生的创业项目提供经费上的资助，并对学生的疑难进行解答和指导，帮助学生在实践中快速成长，逐步提高能力。在理论教学方面，设置选修课程，其形式主要是教师的教和学生的做相结合，强调在做中学、在做中提高。在实践方面，创业教育实践的主要形式有：校内实践是参加学校组织的各类创业比赛；校外实践主要是到企业进行顶岗实习等。

3. 依据地方特色开展的创业教育

依据地方特色开展创业教育类型指结合地方发展特色，发挥地方特色优势，培养大学生创业能力，开展创业教育的方式。温州地区交通便捷，是各类商品集散的区域，在商品经济迅速发展的环境里，只有善于发现商机，果断作出决定，并能迅速将想法投入实践，才能在环境中生存发展。因此，温州地区的人们创业精神主要体现在：善于观察与发现商机，勇于抓住机会与大胆判断，敢于冒险创新与付诸行动。

在温州人这种精神的影响下，温州是各类创业活动高发地区，由于他们商业头脑发达，所以从事这类活动的成功率较高。该地区内较为典型的高校是温州师范学院。该学院于2002年成立该地区第一家大学生创业中心，宗旨是基于地域特点和区域精神，发挥其独特优势，展开培训和相关活动实践。依据地域特色和区域精神，营造良好的环境，促进各类相关活动的开展，形成具有地方特色的创业教育类型。

4. 综合式创业教育

综合式创业教育在理论层面侧重素质培养，重视发挥创新作用；在实践层面，则为相关活动提供所需资金和咨询与指导。在实践过程中倾向于这种类型的高校是上海交通大学。

上海交通大学紧紧抓住创新这一关键点，促进各方面工作转变。其实施的特点是一、二课堂相互配合，共同发挥作用，展开对学生的教育。其中，一课堂侧重于理论层面的教学，开设相关课程，讲授专业知识；二课堂侧重于实践层面的活动，组织各类创新实践活动，提高动手能力。课堂内和课堂外的教育分工合作，密切联系，协调发展，共同促进教育活动的有效开展。

（三）国外高校创业教育主要模式

在创业教育开展过程中，各高校结合自身特点、学科专长和资源优势，形成多种创业教育模式，每种创业教育模式各具特色。国外高校创业教育模式主要有三类：聚焦、磁石和辐射。

"聚焦"是一种聚合和集中，是将所有信息、资源等聚集在一起，统一进行安排与管理。该模式是在总结创业教育开展经验基础上得出来的，最大的特点是聚合，包括学生的聚合、信息的聚合、管理的聚合等。该模式起源较早，较为传统。

"磁石"指涉及范围广，但是有一个中心点吸引周围的事物围绕这一中心点进行活动。

"辐射"指一种发散和转移，涉及范围广泛，没有中心点，流动性强。该模式的范围是面向全校，采取谁参与谁管理的方式。

这三种模式高度概括了国外开展创业教育的经验，在国外得到了广泛应用。在此基础上，国外高校又按照学科特点和地域特色，衍生出许多带有独特特点的模式。

（四）完善高校创业教育模式的重要意义

创业教育模式是创业教育的具体内容和运行过程，完善创业教育模式的完善对提升创业教育效果有着直接影响，对学生的创业素质培养、高校的教育改革、社会发展都有重要意义[①]。

第一，提升高校学生创业素质及能力。高校大学生是创业教育的受教主体，健全的创业教育模式能够为学生提供具体的创业教育内容、全面的创业教育理论、实践指导与浓郁的创业氛围。学生通过完善的创业教育模式，能够有效提高自身创业能力、创业技能及创新能力，从而为未来的创业及就业打下基础。

第二，促进高校教育改革。当前，我国经济、社会都处于转型期，对人才的需求更加旺盛，特别是具有创新意识及创造能力的人才。当今高校的毕业生在各方面的能力与社会对人才的需要水平还存在一定差距，而创业教育为高校教育改革提供了思路和解决对策，创业教育培养的人才正是社会所需人才，也是高校所要培养的人才。因此，完善的创业教育模式能够为高校提供路径，推进高校教育改革。

第三，有利于全社会的发展。现代社会是一个科技社会，其发展的主要动力来自社会的方方面面，但无论是科技的发展、人文的进步，还是社会制度的优化，归根结底都是人在发挥作用。从社会的发展历程来看，各个时期对人才的素质要求也不同，而人才素质的培养主要通过教育进行。而今，创业教育所培养的人才正是当前社会发展所需要的，完善创业教育模式的建设能够满足社会对人才发展的需求，有利于社会发展。

二、高校创业教育目标

教育目标是教育的出发点和归宿，规定教育的内容和发展方向，高校创业教育目标的设定，与教育方法和教育活动的结果密切相连。教育目标既涵盖教育者对受教育者的主观期待，也包括教育实施过程的措施和评价反馈，是明确教育定位与教学组织实施的综合。同时，高校创业教育目标需要同大学生时代特点相结合，需要体现教育的规律和发展方向。

---

① 王桂月，冯婧. 大数据背景下高校创新创业教育模式构建 [J]. 科技视界，2019（32）：155-156.

（一）培育与塑造创业精神

创业精神指创业者在开创事业中所表现出的锐意创新、团结合作、艰苦奋斗、刻苦钻研的精神品质，是一种积极的人生态度，也是思想观念、价值判断、意志品质、个性道德等行为心理特征的高度凝练。创业精神的培育是高校创业教育的核心，培育和塑造大学生创业精神意义重大。通过开展高校创业教育，培育大学生创业精神，可使大学生坚定意志品质，客观理性地认识和分析当前的就业创业形势，激发大学生创业热情，转变就业观念，树立正确的创业观。

通过创业教育教学，培养学生善于思考、敏于发现、敢为人先的创新意识，挑战自我、承受挫折、坚持不懈的意志品质，遵纪守法、诚实守信、善于合作的职业操守，以及创造价值、服务国家、服务人民的社会责任感。

第一，培育学生善于思考、敏于发现、敢为人先的创新意识。创新是创业的基本特质。高校应围绕创新的本质，强化大学生创新意识培养教育。结合高校实际，开展大学生创新创业课程教育的教学改革，开展以创新思维和创新理念为重点的课程建设，突出创新思维的理论教学，着力提升大学生的创新能力。将创新和创业知识普及，形成逐层递进、创新创业教育与专业教育相融合的教学体系，实现创新创业精神的培育与弘扬，打造全教育过程的融入与渗透。

高校对大学生进行创新创业精神教育，需要将古人的优秀文化理念和新时代的精神品质相融合，打造科学性与人文性相结合的理论教学体系。如顽强拼搏、积极进取的优秀品质与新时代的改革精神、创新精神、奋斗精神相融合，将自强不息的探索精神与团体协作精神相统一，丰富高校创业教育的理论内容，同时将中华优秀传统文化的优质基因在大学生创新创业教育中实现有效传承，助力大学生创新意识和创业精神的深度结合，激发创业梦想、培育创新思维。

第二，培育挑战自我、承受挫折、坚持不懈的意志品质。高校培育大学生挑战自我、承受挫折、坚持不懈的意志品质具有重要的现实意义，对于推进创业教育具有重要作用。对此，高校应在高校创业教育中融入心理健康教育内容，形成强大的育人合力，通过教育的实施，让大学生以一种积极健康的心态，坦然面对创业行为，从意志品质层面对创业意愿做出正确的认知和评价。

第三，培养大学生遵纪守法、诚实守信、善于合作的职业操守。当前，大学生职业道德教育显现出新的特点，职业道德教育也是高校创业教育的一部分，培育大学生遵纪守法、诚实守信、善于合作的职业操守，对于树立良好的创业观具有重要意义，也关乎大学生创业的职业态度和价值取向。

大学生职业道德教育需要适应时代需求，高校以立德树人为根本使命，积极探索大学生职业道德的教育内容和教学模式。结合当前社会发展和人才培养目标，按照品德心理结构的四个心理因素，即知、情、意、行四个方面拓展大学生职业道德教育的基本内容，加强大学生职业道德知识教育、职业道德情感教育、职业道德意志教育、职业道德行为教育，同时拓展和强化大学生职业心理健康教育和法律素养，助力大学生创业精神的塑造与养成。

第四，培育大学生创造价值、服务国家、服务人民的社会责任感。人的价值实现过程是个人价值和社会价值统一的过程，只有在社会发展过程中为人民服务、为社会做出贡献的人生才有意义和价值。作为创业主力军的青年大学生，只有将个人的"创业梦"同伟大的"中国梦"紧密相连，才能真正体现出新时代大学生的社会责任担当。

培育大学生创造价值、服务国家、服务人民的社会责任感是创业精神的最高境界，对加强高校创业教育中的价值观教育意义重大。国家和高校应加强社会主义核心价值观对大学生的教育和价值引领，引导大学生将个人价值的创造和实现同国家发展与民族命运相衔接，树立远大的理想抱负，以高度的责任感、使命感、为人民服务的担当意识积蓄青春力量，积极投身于中国特色社会主义建设的浪潮中。

（二）培养与提升创业能力

创业能力是发挥创业者主观能动性、提高创业活动效率、保障创业实践顺利进行的重要因素。创业能力包含专业能力、方法能力和社会能力三种能力素质。从个体特征和创业技能角度出发，创业能力是知识维度、操作维度、态度维度的三方面综合，是从事或胜任创业实践活动的综合能力体现。高校创业教育是培养大学生创造性、实践性、综合性能力的过程；创业能力培养是创业教育的核心和关键，也是创业意识转化为创业实践的必要条件，实现这一目标，需要从三种能力着手。

1. 专业知识技能

未来，企业的竞争归根结底是人才的竞争，人才知识技能水平决定企业发展的规模和上限，扎实的专业知识技能是大学生创业成功的前提。专业知识技能包含两个方面：

第一，所从事行业技能，即大学生所从事的创业项目。行业内的专业知识储备和对新技术、新知识的理解能力，是行业主营能力和知识能力的综合，这方面能力可以通过在校学习和后续模拟实践得到提升。

第二，专业方法技能，即企业经营管理能力、收集和处理信息能力、法律知识储备、大数据分析能力、人才管理等相关技能和能力。这一方面能力可以通过实务实训和创业实战得到有效提升。对此，高校应开设多学科融合的创业理论课程，将专业知识与创业教育有机结合，不断提升大学生的专业技能水平，为大学生提供创业实践模拟的机会和平台，提升实践操作能力。

大学生在学校期间应强化理论知识功底，使个人具备扎实的"创业型"人才知识技能储备，为创业实践打下坚实的人才智力基础。

2. 工作能力

工作能力是大学生创业能力的基础，是解决创业过程中遇到问题和困难的能力素质。工作能力是理论和实践相结合，并在现实中检验能力的体现，具体包含决策分析能力、组织协调能力、市场拓展能力、问题分析解决能力等。对于大学生创业者，工作能力是未来创业中必须具备的能力，是大学生合理安排、统筹兼顾、处理问题的能力体现，也是关乎创业项目能否成功和可持续发展的关键环节。

在高校创业教育中，实践环节是提升工作能力的重点，高校应结合各自实际，为大学生创业实践提供良好的平台，如通过鼓励大学生参加各类创业项目和大赛，提升大学生实际操作能力，通过创业模拟软件开发与应用实施虚拟创业体验教学，引导大学生入驻创业园、孵化器，以及参与教师科研项目等，强化大学生动手操作能力，为解决将来创业过程中可能遇到的各类问题积累宝贵经验。

3. 社会交际能力

创业离不开人与人之间的交往，仅凭一个人的力量是无法完成的，涉及经济、社会、文化多方面因素的整体协调。信息化社会促进人和人之间的交流和沟通，具备良好的社会交往能力，既是时代需要，也是大学生创业的关键能力要素。社会交际能力包括沟通表达能力、团队合作协调能力、抗挫折能力等。创业过程中需要多个部门、多个团体之间相互协调合作，沟通交流必不可少，需要时时刻刻和人打交道，协调各种不顺畅的关系，具体细化到语言的表达、眼神的交流、心灵的沟通，良好的社会交际能力是创业成功的保证。在创业过程中需要积极鼓励大学生发展人际关系，引导大学生参加各类创业社团，参加校内外的文化活动，提高自身社会交际能力，培养积极乐观、坦然面对困难的良好心态，积极投身于创业实践中。

综上所述，创业能力涵盖的三个方面既相互独立又相互联系，在培养大学生创业能力过程中，需要综合考虑，从而构建立体综合的创业能力网络，实现创业能力的有效提升。

（三）认知与认同创业价值

由于经济社会的快速发展，导致一部分大学生以纯粹的利益物质追求为价值取向，制约创业实践的发展。对此，高校需要引领大学生树立正确的创业价值取向。引导大学生对创业价值的认知和认同是创业教育的重要组成部分，与大学生思想政治教育中的价值观教育具有契合性和合理性。当前的高校创业教育在价值观教育层面还略显不足，甚至存在边缘化倾向，缺乏应有的关注和认可，这种对创业价值观教育的认知偏差，阻碍了创业教育的实效性。

大学生价值观教育从认识论角度来讲，是促进大学生接受既有的价值观进而形成价值认同的过程。中国特色社会主义要倡导社会主义核心价值观，创业价值观教育也是通过教育和实践活动，使大学生认同社会主义核心价值观，以健康的创业价值观念引领创业实践行动。

大学生创业价值观教育作为一种思想政治教育的特殊形式，遵从大学生思想政治教育规律，在价值认同方面是个人认同、群体认同、社会认同的辩证统一，是经验认同、情感认同、理性认同的逻辑统一。开展大学生创业价值认同教育，依托教育、引导、沟通、互动等途径，实现大学生对社会主义核心价值观的内化，进而升华为自身认可并积极践行的价值共识和行为规范。实现这一教育目标需要从以下方面着手：

第一，大学生对创业价值的正确认知。大学生创业是一个新价值创造的过程，既包含经济学上的价值，也涵盖哲学意义上的价值；既有物质价值的创造，也有精神价值的升华。大学生作为创业个体存在，需要审视创业的价值判断，需要在创业行为活动中满足生理、心理和伦理等多重价值诉求，从这几个角度认知、评价和体验创业价值的实现过程，即创业过程能够满足大学生物质充裕富足的生活需要，提升自身的精神体验和心理境界，为社会发展创造良好的氛围和空间的伦理需求。为此，大学生只有对创业价值具有正确的认知，才能形成有效的价值共识，激发自身创业动力和主动性，实现创业理想、塑造人格、体验情感，从而促进人的自由和全面发展。

第二，创业价值认同应坚持一元化和多元化的统一。在社会各种思潮和观念的不断冲击下，如何为大学生提供一种相对稳定、普遍性的价值尺度，是有效开展大学生创业价值认同教育的关键。这种具有公信度的价值共识理应是社会主义核心价值观。在社会主义核心价值观的引领下，大学生的创业实践能够保持正确的价值取向。创业价值观教育是从个体内心出发，形成价值自觉的教育，在多元发展的同时，应当认可个体差异、尊重个性化的存在。

由于每个大学生受先天遗传、个体差异、成长环境等因素影响，形成价值理念的差异性，因此在教育过程中应遵循一元化和多元化价值认同的统一，既认可社会主义核心价值观为核心的主流价值意识养成，也尊重由于个体差异对创业价值的多元理解，只要主流是好的，也可以实现两者的互生共存，通过创业实践加以检验和反馈，形成不同创业价值取向之间的包容与促进，从而在实现创业价值观的一元和多元有机融合的基础上，促进大学生的全面发展。

第三，培育大学生创业价值认同自觉。价值认同自觉是受教育者对价值观高度审思基础上的自觉认同，是正确认识和处理价值关系的自觉状态。当代大学生身处多元文化汇集处，各类思潮交织错结，面对价值判断和选择，高度的价值自觉发挥重要作用。大学生只有正确看待价值关系、树立科学的价值理念，才能做出正确的价值选择。

高度的价值认同自觉是明辨是非、向善向好的价值体现，大学生在面对创业过程中的功利主义、利己主义、拜金主义等错误思想侵蚀时，只有坚守价值自觉，才能在个人与社会的互动中坚持自我，加深对价值的认知，自觉践行社会主义核心价值观，提升自身思辨能力。

（四）传承与创生创业文化

文化是人们在改造自然、适应自然发展过程中形成的价值精神、风俗模式、习惯特点、语言符号等形式的集合，是在社会漫长演化和进步的过程中不断稳定的思维方式。文化具有教化和引领功能。高校创业教育通过中华优秀传统文化的传承与革新，培养大学生对传统文化的感受力、对主流创业文化的理解力、对优秀传统文化的时代创造力。实现中华优秀传统文化在创业教育中的有效传承与创生，需要培养大学生三种能力：

第一，培养对传统文化的感受力。中华优秀传统文化历经几千年依旧具有强大的思想力和生命力，其中优秀的文化对高校创业教育具有重要的启示作用，有利于大学生涵养创业精神、激发创业热情、树立创业理想。例如，"天行健，君子以自强不息"，倡导拼搏进取的精神；"知行合一"的实践精神，诚实守信、清正廉洁、勤俭持家的道德品质，等等。这些古人的智慧元素和精神内核在新时代依然能够指引高校创业教育目标的确立，可以坚定大学生的创业文化自信，激励大学生勇于面对创业过程中的各类挫折与挑战。

高校培养大学生对传统文化的感受力，需要从哲学的实践角度出发，释放大学生的天性，引导大学生回归传统文化的真实感受和体验中，以一种理性的思维提升创业文化的体验，感受中华优秀传统文化的智慧凝集，为个体积累创业智慧打下文化基础。

第二，对主流创业文化的理解力。哲学意义上的理解力指认知过程中主观与客观、理想与实际相符合的能力范畴，是基于主体认知的能力标准。对主流创业文化的理解力，是对创业文化的客观、理性的认知，是基于优秀传统文化在创业教育方面的价值评估和精神审视，是对多元创业文化的涵养与包容。大学生需要用辩证的思维思考问题，避免通盘否定优秀传统文化，也不能兼收并蓄、全部接收，应该继承和弘扬优秀主流文化的有益部分，摒弃消极因素，坚定主流文化价值立场，积极吸收多元文化的共识元素，形成主流创业文化的育人合力，推动高校创业教育的良性发展。

第三，对优秀传统文化的时代创造力。文化的传承与创生不是自然界动物生命活动的简单复制与模仿，而是一种批判地继承，以及同时代文化元素重新创造的过程。中华优秀传统文化关于创业教育的有益元素，在新时代具有全新特质，需要结合时代变化和特征进行审视，融入先进、自由、开放的时代基因进行创造和革新。

高校创业教育需要培养学生对优秀传统创业文化的创造力，唤醒来自大学生内心的文化需要和革新的内生动力，自觉将个体的创造力和文化的发展力有机结合，推进优秀创业文化的时代进化和创新发展，革新优秀传统创业文化的价值理念、思维模式，坚定创业文化自信。

三、高校创业教育原则

原则是观察问题、处理问题的准则；原则是人们在既定的环境下，对事物处理所要遵循的标准和准则。教育离不开原则，需要原则指导、识别和甄选有效的教育方式和途径。高校创业教育的原则是指导大学生开展创业教育的标准，应贯穿高校创业教育始终。着重体现"面向全体与分类施教相结合""创业教育与价值引领相结合""理论教学与实践实训相结合"，在这些原则指导下，运用科学合理的教育方法，使高校创业教育工作更加具有合理性和规范性，切实增强高校创业教育的实效。

（一）面向全体与分类施教相结合原则

当前，国家和社会高度重视创业教育，从整体来看，高校创业教育发展态势良好。然而，高校创业教育受众面较窄，针对性不强，这些问题制约着创业教育的发展。从当前高校创业教育的发展趋势和未来走向看，亟待转变观念，以"面向全体与分类施教"原则为指导，既关注大多数，又重视极少数。由于大学生群体的个体差异性，需要做到因材施教、分类指导，开展个性化教育，不同个体的创业教育目标、方法也要有所差异。

第一，开展"面向全体学生"的"广谱式"创业教育。"广谱式"创业教育是面向全体学生开展的广泛性、普及性创业教育模式，涵盖创业启蒙教育、创业能力培养教育、创业精神塑造教育等方面。高校在开展创业教育过程中，需要尊重教育的基础性，在全体大学生层面，需要以培养大学生创业意识为基础，以大学生创业能力提升为核心，以创业精神塑造为重点，以正确创业价值观的树立为关键，结合课程教学和实践实训，对大学生进行创业启蒙教育，鼓励大学生结合第一课堂和第二课堂，积极投身创业实践中。创新高校创业教育方法，在课程中引入体验式教学、案例分析教学等形式，通过与大学生群体形成良性互动，激发大学生的创业热情；引导学生参加各级别的创业大赛、入驻学校创业园、开展网络创业仿真模拟、真实体验创业等实践活动，构建理论与实践相结合的"广谱式"创业教育课程体系。

第二，开展"面向不同专业学生"的"分类式"创业教育。创业教育与专业课程教育的有机融合问题，是当前高校创业教育领域的难题之一。如何将创业教育"无缝嵌入"到各专业学科课程中，促进各专业学科大学生结合自身专业优势有效开展创业是问题关键。各高校在探索创业教育与专业教育的融合模式时，应考虑不同专业、不同年级、不同群体的特点，通过"三个分类"实现专业教育与创业教育的有机融合——"分专业分类培养""分阶段分类培养""分群体分类培养"。"分专业分类培养"是结合各自学科专业特点，嵌入适合本学科的创业课程内容，实施大学生专业方向的创业引导。"分阶段分类培养"是针对不同年级开展不同的创业教育内容，对低年级注重创业意识的培养和能力的提升；高年级则开展创业实践、模拟创业等实践教学内容。"分群体分类培养"是针对学生的个性特点，开展分类教育，尊重个体差异，关注学生的个体成长。

第三，开展"面向有创业意愿学生"的"个性化"创业教育。针对有创业意愿的大学生群体开展"个性化"创业教育，引导和帮扶他们实现创业梦想。高校通过开设"创业精英班""创业先锋班"，将有强烈创业意愿的大学生纳入其中，对他们开展个性化教育，针对每一个学生的个性特点，因材施教。针对有创业意愿的学生，学校可以配备专业的指导教师，开设以创业技能提升为主的相关课程，搭建创业实践实训平台，带领他们开展实地考察、创业模拟，通过个性化的课程教育和实践实训，提升这一群体的创业成功率。高校还可以结合创业类社团，聚集有创业意愿的学生群体加入，通过创业研讨和交流活动，实现创业的个性化教育。

综上所述，将面向全体与分类施教相结合，在高校创业教育中将会起到事半功倍的效果，是当代高校创业教育的重要原则。

（二）创业教育与价值引领相结合原则

在"大众创业、万众创新"的时代背景下，大学生迎来以成就创业梦想，开启精彩人生的重大历史机遇。在这样一个充满机遇和挑战的时代背景下，一些不良的社会思潮也随之席卷而来，对高校创业教育产生诸多影响。当前，在校大学生多数还未形成成熟的人生观，他们思想多元、崇尚新奇，易于接受新鲜事物，创业价值观摇摆不定，亟待加以正确引领。

高校创业教育既是创业精神培养、创业能力提升的知识传授过程，也是正确创业价值观念树立的过程。在高校创业教育中，需要重点突出大学生的个体能力塑造和价值归属引导，如何引领大学生的创业价值观转向为中国特色社会主义建设做出自己更大贡献的宏伟愿景，是高校需要认真思考的教育问题。将个人的价值融入社会和国家的整体中，以个人自由全面地发展助推国家和社会繁荣。依托国家和社会为大学生创造的优质条件，积极引导大学生投入创业的行列中。提升大学生"以小我铸成大我"的精神动力，为社会主义现代化建设提供坚强有力的创业支撑；结合当前的时代特征，应加强大学生创业价值观的教育引领，引导大学生对社会主义核心价值观的理论认同，以积极良好的创业心态开创个人事业，以个体的价值实现，助力国家和社会繁荣。

开展高校创业教育需要坚持"立德树人"，将知识能力教育同价值引领相结合，以社会主义核心价值观引领高校创业教育，遵循创业教育和价值观教育规律，创新教育方法，引导学生真正做到"知行合一"，让正确的创业价值观入脑、入心，实现"内化于心，外化于行"，成为指导创业行动的价值追求和潜在的意识自觉。

（三）理论教学与实践实训相结合原则

高校要坚持理论性和实践性相统一，用科学理论培养人，重视思政课的实践性。在理论和实践关系上，实践是理论的基础，是理论的出发点和归宿，对理论起到决定作用。理论必须与实践紧密结合，理论必须接受实践的检验，为实践服务，随着实践发展而发展。高校创业教育属于大学生思想政治教育的特殊形式，需要坚持理论性和实践性相统一。

高校创业教育的理论性是运用相关的科学理论体系进行创业教育、系统地提升大学生创业能力、培育创业精神、树立正确创业价值观的理论引导，开展有效的理论教学是高校创业教育的时代发展要求。高校创业教育理论涵盖以马克思主义为基础的各类相关理论，是高等教育相关理论、创业教育相关理论、思想政治教育理论的融合运用，多维的理论具有内在的逻辑统一性。

为保证高校创业教育的科学性、实用性，需要高校创业教育工作者不拘泥于教材的基本内容，在遵循基本理论的前提下，增加新时代的教育内容、联系身边的创业案例和生活实际，结合当代大学生的行为心理特点和认知感受，转变单纯的理论灌输教学，积极探索专题教学、体验式教学、互动式教学、研讨式教学、启发式教学等多维理论教学模式。高校创业教育是多学科交叉的教育课程，需要多门学科体系的有机融合，结合大学生人才培养的发展目标，在课程教学、实践实训、价值引导等方面实现理论的渗透和教化，实现大学生知识理论向创业实践的良性转化。

大学生创业是实践性较强的活动，是多方面能力素质综合运用的行为活动，在对大学生进行创业相关理论讲授的同时，还要兼顾教育的实践性，坚持理论与实践相结合。实践实训是理论性指导的具体化，按照大学生在课堂上学习到的理论知识，通过一定的实践形式转化为创业行动，让大学生在各类实践中开阔视野、积累经验、提升认识事物的能力、提高价值判断力。

当前，部分高校创办了创客空间、大学生创业园、创业孵化器，有的学校还依托校企合作，帮扶指导大学生开展创业项目，有的学校还开展了创业体验式社会实践活动等，都是将高校创业理论课堂转移到实践中的有益尝试，是学校小课堂和社会大课堂相结合的积极探索。

大学生将理论应用于实践，将课堂上学到的知识体系通过实践进行检验，在实践中学会处理事物、明辨是非，用亲身的创业经历开展体验式的创业实践，树立社会主义核心价值观引领的创业价值取向，自觉学会运用马克思主义理论素养和立场观点分析、处理、解决问题，用理论涵养实践，用实践巩固理论。

第二节　信息时代对高校创业教育的影响

一、信息时代对高校创业教育主客体的双重影响

（一）信息时代对高校创业教育主客体的积极影响

第一，信息时代背景下的高校创业教育，可以建立教师和受教育者之间的对等协调关系，使高校创业教育更有特色，企业家精神培养效果更加突出，为创业教育和创业文化的学院和大学提供良好的教育氛围和环境；信息时代揭示人与人之间的平等性，有利于建立教师和受教育者之间的良性对等关系，从而形成一种和谐的教育关系，为高校创业教育和创业精神培养创造适合人才发展的人文环境和氛围。

信息时代的扩大，师生之间的互动和沟通，也使受教育者感受到公平的受教育乐趣，通过信息化交流把个人难以启齿的想法，通过短信、微信、微博、QQ等形式与他人进行交流和沟通，从而使不良情绪、心理困惑得到发泄，有利于高校创业教育者抓住受教育者的思想动态，及时进行情绪疏导、意识形态指引和心理预防等，使高校创业教育效果更加明显。

第二，信息时代背景下的高校创业教育，有利于提高学生创新精神培养的效率。信息时代，教师和学生是站在平等地位探讨问题，把从虚拟空间中获取信息作为相互交流、沟通的平台，毫不保留地奉献给对方，既增加了受教育者的主动性，又加强了师生之间的情谊。

信息时代获取各种信息的流量逐步超过任何时期，为高校进行创业教育提供

了便利条件，也为高校提高工作效率奠定了良好的基础。信息时代，在一定程度上避免了国家的方针、政策在传播时拖延，减轻了高校创业教育和企业家精神培养者的负担，增强了高校创业教育和创业精神培养的时效性，真正提高了高校创业教育和创业精神培养的效率，使高校创业教育少走弯路，节省了大量的人力与物力。

（二）信息时代对高校创业教育主客体的消极影响

第一，导致高校创业教育和创业精神培养权威的弱化原因，是主客体关系的变化。在信息时代，大学创业教育和创业精神培养还缺乏社会舆论的宣传，教育者在信息方面仍处于优先地位，但由于大学创业教育和创业精神培养的权威性，再加上信息时代还没有建立统一的权威中心，生存方式也不规范，每一个网络终端都可能成为中心,这种状况使任何主体和客体无法得到控制,完全处于自由状态。信息时代在给人们的生活工作带来便利的同时，也给国家、社会、个人等带来新的挑战。人的主体性带来普遍增强的同时，也在一定意义上削弱国家、政府等权威，使在封闭条件下确立起来的高校创业教育和创业精神培养的权威受到挑战。

第二，由于主体和对象之间的关系改变，高校创业教育和创业精神发展目标更复杂，使大学系统性创业教育和创业精神培养的实现受阻。在信息时代之前，大学创业教育和创业精神培养的时间和地点较为固定，受教育对象也是固定的，教育主体对教育客体的思想状况、学习成绩、品质表现、性格特征等了解比较全面，各项工作比较熟悉，受教育者工作也比较好做，各种教育具有针对性，能够做到有的放矢。在信息时代下，面对虚拟世界中人们的思想和行为，给高校创业教育者提出了考验：一方面，教育对象的年龄、学历、性别等难以掌握；另一方面，人们在虚拟空间中的爱好、兴趣不一定全部真实，高校创业教育和企业家精神培养难以在虚拟空间中实现，一定程度上弱化了高校创业教育和企业家精神培养的效果[①]。

二、信息时代对高校创业教育介质的双重影响

信息时代对高校创业教育介质的积极影响：在信息时代背景下，由于时空限制，人们在长期生活、工作中形成以标准的思维方式判断"真与假""是与非"，

---

① 丁玉斌，刘宏达.大数据时代高校创新创业教育的挑战、问题与对策[J].学校党建与思想教育，2018，588（21）：74-78.

而创业教育和创业精神培养作为一项教育创新实践活动在高校中生存和发展，也形成与之相对应的学科模式。信息时代是一种交互式的、三维动态的、创造性的和个性化很强的时代，拓展了人们的思维方式，开阔了高校创业教育和创业精神培养学科思维的视野，促使人们从封闭向开放发展、从静态向动态迈进，在激活人的创造性思维的同时，为高校创业教育和创业精神培养提供了展示大学生风采的广阔天地。

信息时代对高校创业教育介质的消极影响：在高校创业教育和企业家精神培养中，要把人们的思想和行为引导到现实中，尤其是引导到创业教育中困难较多。信息时代带来的虚拟思维，冲击和影响着高校创业教育和创业精神的培养。已形成的相对封闭的思维模式，使以传统思维方式维系的高校创业教育和创业精神培养的有效性受到很大冲击。信息时代，信息获取的便利性、共享性、快捷性等特点，使得人们的日常生活更加丰富多彩，从生活到旅游、从网购到网聊等，在一定程度上代替了人们的思考，导致人的思维日益弱化，为高校创业教育和创业精神培养提出了新的课题。

三、信息时代对高校创业教育环境的双重影响

信息时代对高校创业教育环境的积极影响：信息时代给人们带来了更多的开放性选择和自由，高校创业教育和创业精神的培养，使学生能够相对自觉地接受高校创业教育。

信息时代对高校创业教育环境的消极影响：信息时代对人的价值观和意识文化产生冲击，使高校创业教育和创业精神培养所宣传和倡导的正能量受到冲击，人的价值观念和意识形态也受到影响和挑战，出现高校创业教育和创业精神培养的思想困境。

在进入信息时代之前，人们主要是通过图书、期刊、广播等获取信息；进入信息时代后，各种信息在网络上传播，让人眼花缭乱。高校创业教育和创业精神培养系统化数据与非高校创业教育和创业精神培养的系统化数据共同存在，使高校创业教育和创业精神培养的生存环境变得复杂，对创业教育思想及创业精神的传播造成一定困扰。

第三节　高校创业教育信息化体系构建

一、高校创业教育信息化体系构建原则与特性

（一）高校创业教育信息化体系的构建原则

（1）主体性原则。在创业教育模式中，学生具有主体作用。主体性原则需要教师在教学中，以学生为主体，给学生一定的学习空间，因材施教，不断发掘不同学生身上的闪光点，让每个学生的自身优势获得发展，并促进学生自我发展意识的强化。

（2）创新性原则。当今社会，对于每一个人的创新性都提出了更高要求。具有创造力的人更能够适应当今社会的需要，也能够让学习和生活变得更有意义。因此，创新教育旨在通过对学生不断引导，培养学生在生活和学习各个方面的创意新精神。创业教育也必须注重创新精神的培养，在激发创造力的同时，为创业打下坚实基础。

（3）差异化原则。差异化存在于每一个学生个体之间，个性化的教育能够在创业教育中充分体现出来，根据个性化特点，知晓学生个体发展中存在的差异性，让大学生能够认清自我，同时充分了解自己的个性特点，以便进行自我选择。高校则需要不断地与学生交流，了解学生关于自主创业的想法，再根据不同的专业背景以及不同的个人兴趣，开展相应的创业教育活动。

（4）全面性原则。全面性体现在创业教育的目标以及各个环节。创业教学有相应的教学目标和原则，在其指导下的创业教育模式，能够把教学方法、教学内容以及教学成果等结合起来。该模式也需要出现在创业教育的每个环节中，比如对教育目标的设定、创建教育模式的原则、教学的结构与内容安排、教学对象等，都应该存在于该模式中，体现出创业教育的全面性原则。

（5）实践性原则。实践在所有的教育中都是十分重要的环节，在创业教育中也不例外。相较于其他环节，实践环节在该模式中更为重要。因为创业教育必须结合实际，要求进行创业教育的教师也需要具备相应的实践创业经验，通过教学实践特点，教师可以鼓励学生积极参加创业活动，在实践中不断提高自己的创

业能力。

（二）高校创业教育信息化体系的特性

（1）丰富性。信息时代因为互联网的发展，教师可以通过在线课程弥补传统课程教学带来的弊端，极大地丰富了教学内容；高校则通过丰富的课程资源，为具有不同兴趣的学生创造出创业教育的相应课程，不仅能够针对每一个学生的兴趣爱好开展有方向性的培养，也能够提升创业课程的丰富程度，让创业课程的在线教育模式发挥优势。同时，增加讲座等课程，通过与互联网的结合，为学生提供更加丰富多彩的创业活动。

（2）灵活性。创业教育具有一定的灵活性，而信息时代则能够为创业教育提供便利的条件，通过区别于传统课堂的授课模式，创业教育的在线课程成为其核心内容。由于不同于传统课堂，教师授课时不能及时对上课纪律进行管理，因此对创业教育的课程内容提出了更高要求。授课内容需要能够引起学生的兴趣，让他们不在环境监督下，也能喜爱课堂内容。这种兴趣还体现出创业课程的灵活性，学生可以根据兴趣爱好，找到相应的教学内容以及授课教师。这种灵活的自我选择，能够真正做到让学生自主决定自己的创业方向，根据个人的薄弱环节，做到按需学习。

（3）实践性。创业教育在某种程度上来讲，也是一种实践教育。因为在高校的教育培养中，对于有关创业教育理论知识的教学不能止步于理论，更要注重实践性。高校可以与可提供实践场地的政府、企业等多方进行合作交流，达成可供学生实践交流的深度合作。另外，传统教育在创业方面组织开展的比赛和讲座，也可以申请相关政府部门进行资金上的支持，或与相关企业搭建教育实践基地，多方培养专业化人才，在提升高校大学生创业实践能力的同时，也能够为社会提供更高质量的创业人才。

二、高校创业教育信息化体系构建流程

（一）高校创业教育信息化理念建设

高校创业教育模式中的任何一个环节，都有着统一的教育目标，是为了更好地实现创业教育理念。在进行该模式教育的同时，首先需要确保树立起正确的、科学的教育理念，为培养高素质的创业人才而努力。目前的传统教育模式不能很好地激发创业热情，如果不及时调整，适应互联网背景，会增加大学生的就业压

力。对此，应该做到：

首先，高校应该在创业教育模式中树立起正确的教育理念，通过树立正确意识，制定目标和分阶段目标。新的模式也对教师和学生的新观念提出了新的要求，要求教师在注重对学生创业观念的培养中，将创业教育最重要的理念植入教学中，使大学生的综合素质实力不断增强。

其次，总目标和分层目标能够更好地帮助高校创业教育有效、有目的地实施。高校需要明确创业人才培养目的，总体目标能够确定创业教育的走向。同时，需要围绕创业人才的培养理念和素质教育的理念进行实践。与传统的教育模式相比，创业教育存在特殊性，但是教育理念与对人才的培养都与其他高校相一致。因此，创业教育必须注重人才培养模式的融入，使得大学生能够在新的模式下适应社会经济变化，也能够适应互联网时代变化。

高校设立创业教育并不是让所有的大学生都学会创业、管理和经营属于自己的一家公司，创业教育想要达到的目的是能够提升大学生的综合素质能力，让他们在今后的职业工作岗位选择中拥有更多的选择权。

（二）高校创业教育信息化目标层次

根据以上的总目标，对应当今高校大学生的信息时代要求，将阶段目标分为三个层次。

第一个分层目标：高校创业教育主要和基本的目标是要培养学生成为有创业素质的公民，这是具有普世性的一个目标。对此，要求人们将创业教育理念以及精神，通过学校的专业教育和对创业教育的培养，让高校人才体系变得更加全面，并且能够让社会拥有一批符合未来发展趋势的人才。

第二个分层目标：针对具有创业潜质的大学生，有望通过创业教育传授专业理论知识以及相关的技能培训。通过对心理状态的健康性培养，让大学生在激烈的竞争就业压力下，从找工作变为创造岗位，不仅让自己拥有事业，还能创造就业机会，为社会缓解就业压力。

第三个分层目标：有一些在高校就具备创业能力的学生，具有创业基本能力，比如清晰的逻辑思维、敏锐的市场把控力、高效的组织协调能力和对待创业坚持不懈的品格等。针对这批学生，高校可以着重设立创业实践相关项目，争取把他们培养成一批具有潜力和社会责任感的创业者。

（三）高校创业教育信息化师资队伍建设

师资力量对于创业教育而言十分重要，不仅是成功开展创业教育的坚实基础，也是创业教育方面最重要的力量源泉。开展创业教育时，可以采用教师的选拔或者在社会中聘请优秀的、可作为兼职教师的创业家，定期对学生进行创业教育相关培训课程，通过外援力量，加强师资队伍的专业性。高校如果要成功开展创业教育，必须打造一支既具有专业知识理论，也具有优秀实践创业经验并受过专业培训、能够担任合格教师的师资队伍。

首先，高校要确保创业教育方面的教师质量，采用专业严格的招聘管理机制，聘用适当的专业人才，在课堂教学中让学生掌握专业的理论知识。

其次，高校可以借助互联网技术，聘用在线课堂的专业教师。这些教师可以是有创业经验的人，同时需要具有基本的教育能力。他们可以担任部分选修课的教师，也能够担任学校开办创业主题讲座的专家，为学生拓展课堂之外更多有关创业方面的知识和眼界。

最后，高校可以与社会各个方面的人才进行合作，组成具有实践经验和管理经验的兼职师资队伍。他们可以是成功的企业家、投资家、咨询师或者是创业理论方面的专家和管理者等，能够更好地与校内的教师团队相结合，组成一支理论知识强，又有丰富的创业经验和能力的师资团队。兼职教师队伍能够就学生课堂之外的创业主题开展讲座，并完成部分选修课的授课，让学生除了掌握理论创业知识，还能够得到更加丰富的实践指导。

（四）高校创业教育信息化课程体系建设

在网络技术和信息技术普及的背景下，高校创业教育需要因势而变。这一变化具体体现在课程体系中，包含学科和实践两大部分。其中，学科课程主要学习基本的科学文化知识，有关创业的相关知识也要贯穿其中，为学生的创业奠定坚实的专业理论知识。学科课程在教学中，一般以必修和选修的形式存在。

1. 必修课

必修课是高校学生在校期间必须修习的课程，一般以课堂教学方式存在，是每个大学生必须学习的内容。创业教育必修课以传授创业知识、塑造创业健康心理、提升创业者素质、培养创业意识为目标，要求每个大学生必须学习，通常包括公共课、基础课和专业课。课程开设主要有以下四个方向：

（1）创业意识课程。在当前鼓励"双创"的社会环境下，大学生创业热情日渐高涨，创业是实现个人人生价值的重要途径。然而，并不是每个人都是天生的创业者，大学生的创业更需要正确引导。高校要为大学生开设相关课程，让他们尽早确定自己的职业发展路径。对有创业兴趣的大学生，可以重点培养，鼓励他们继续深入学习和研究；对犹豫不定者，可以进行创业意识、创业兴趣、创业困境和个人职业观等有指向性的培养。要注重培养大学生如商机挖掘、风险估计与预防、投入与成本等方面的意识，培养他们的创新精神、集体荣誉感、社会责任感等，形成对"创业"全面、科学、清晰地认识。

（2）创业心理学课程。健康积极的心理素质是创业者必备条件之一，其特质包括认真负责的态度、稳定平和的心态、不懈追求的精神、吃苦抗压的耐力，以及团队协作、处理突发状况等能力。除此之外，还需要大学生创业者有民族自豪感；要热爱祖国、热爱生活、热爱事业；要养成终身学习的习惯；要培养家庭责任感，也要爱护亲朋。创业心理学课会全方位地培养和提高大学生以上各方面素质，在此基础上，还会对有自卑、依赖或者其他存在明显性格缺陷的大学生给予特殊帮助，帮助他们克服心理障碍，完善他们作为未来创业者所具备的心理特质。

（3）创业基础课程。创业教育除了要学习专业知识之外，还要学习包含《公共英语》《计算机概论》《思想道德修养与法律基础》《毛泽东思想与中国特色社会主义理论体系概论》《中国近代史纲要》等内容的公共课。基础课是高校在进行课程设计时，依据专业特点设置的针对性课程，一般将与创业有关的知识融入基础课程中，如经济学、管理学、财务管理、计算机技术、法律法规等。

（4）创业素质课程。创业素质课程有别于创业心理课程，前者可以通过后天强化训练获得，相同点都是大学生创业者必备的素质。在创业素质课程中，高校需要针对创业需要的品质或素养设置一系列课程，在课程教授过程中，创业规划是大学生可以参照对标、查漏补缺，对自身如自信、自立、自强等品质方面进行培养和提升。

2. 选修课

创业教育选修课是专门为有明确创业意向的学生所开设，是必修课的延展和深化，是大学生进一步掌握创业知识的重要途径。选修课以提高大学生在创业实践中的分析和解决问题的能力为目标，不同基础的学生可以根据自身优势和兴趣，自由选择需要修习的课程。选修课为大学生的个性发展提供了多种可能性，同时对高校教学方案、硬软件设施等提出了更高要求。全方位、多层次、多样化的课程会促使不同创业需求的学生学习，还可以将现代智能设备引入创业课堂中，通过线上与线下课程相结合的方式，打破时空限制，从而达到最佳的学习效果。面对有明确创业意向的大学生，学校除了为他们提供充足的校内资源和机会之外，还可以通过互联网调配资源，以开放式网课的形式服务大学生。为此，高校可开设以下选修课：

（1）创业技能课。创业技能课主要以解决创业过程中的实际问题为目标，一般包括生产过程中需要的商机洞察力、品牌打造力、资源调配力、网络技术等，经营过程中需要的财务管理、数据运营、整合人力与物力资源的能力、学习能力等实用技能。同时，选修课要因专业而设，专业不同，选修课选择的范围也应该不同，学生可以根据个人兴趣和爱好，自主选择课程。

（2）创业指导课。创业指导课是从宏观上提高大学生素养的课程，与传统就业指导课紧密联系，高校可将两者结合，渗透到整个大学生活中。创业指导课的开展形式灵活多样，线上或者线下课程均可采用，网课和课堂教学也可以结合开设。

除此之外，高校创业教育课程体系中的实践课也不容小觑。因为创业教育与专业教育不同，创业教育主要以大学生亲身参加创业过程、提高职业竞争力为目标，以实践性强为主要特征。

创业教育模式的方式之一是实践课程，具体包括两个方面：

第一，模拟实践。大学生在虚拟空间中利用现代模拟技术，虚拟自己的创业项目或者公司，在互联网的环境下感受商业运营、项目实施过程等。在模拟实践过程中，大学生要参与选择项目、筹备资金、确定团队、市场开发、协调资源、日常运营等环节，全方位、立体化地体会创业全流程。

第二，创业实践。高校利用学校实验室、实践基地、孵化基地、校企合作平台等开展创业实践课程。在实践课程学习中，学生将理论知识融会贯通后加以应用，不仅可以深化理论知识的学习，还可以让大学生更真实地体验创业过程，感受创业带来的价值感。

（五）高校创业教育信息化课堂教学建设

时代变迁，信息技术普及背景下的高校创业教育也应当与时俱进，具体体现在课堂教学方式的转变和教学管理体制的完善等方面。

首先，在创业课堂教学中，要改变以教师教为中心的传统模式。在课程实施中，教师应该给学生以表现和发展的空间，将学生放在主体地位，让他们做课堂的主人；要注意创设良好的师生交流互动氛围，以此激发学生的创造力、创新力；学生则应该以创新学习为追求目标，主动出击，学会如何学习，关注如何达到最佳学习效果等问题。

其次，在管理体制方面，要改变传统以成绩论成败的单一评价标准。高校要为学生制定多形式、多层次、多方位的考核机制，要在创业教育中体现互联网思维，全面、客观地评价学生在线上课程中的表现。综合实践课是学生综合素质的表现，学生的商业思维、市场敏感度、社会责任感、解决实际问题的能力、对实践项目的完成度等，都应该是考核的维度。因此，高校创业教育信息化课堂的管理体制要不断转变、不断完善。

（六）高校创业教育信息化环境建设

创业教育信息化需要在一定的"土壤"中成长，高校要为其不断发展和完善创造优良、和谐的校内外环境。

其一，在高校内，高校可以主持举办创业大赛、创业主题活动、网络创业大赛等。除了开设创业教育的线上和线下课，还需要将创业教育工作纳入学校日常工作中，如设立专门的创业咨询服务、搭建优质的创业平台、指导制定创业教育实施办法、牵头创业活动举办、监督创业教育教学等，协调各种创业资源，实现创业教育最优的发展路径。

其二，在高校外，高校要尽可能与实力雄厚的企业达成合作，将学生的实践活动搬到真实的企业生产线上，让学生全面、深入地了解企业生产和经营流程，使他们的实践活动更有效，这也是高校创业教育模式转变的重要方式。

总而言之，和谐、优良、有创造性的校内外环境，有利于大学生创业思维的发展。对此，高校应当承担起应尽的责任，为大学生营造创业氛围，保障创业教育的顺利实施。

（七）高校创业教育"四要素"协同合作

高校创业教育以大学生为核心，需要多方协作完成，具体应包括政府部门、社会组织或企业、孵化或实践基地与高校自身。其中，政府部门需要从顶层政策制定和资金支持方面着力；社会组织或企业应该利用现有资源，为大学生提供创业实践场所、创业实践先进事迹分享、商业运营的资源等，助力大学生走向真实的职场；孵化或实践基地是创业知识在校外运用的重要场所，在实际场地中，大学生会将创业知识与实践相结合，达到理论与实践的融会贯通；高校则是大学生主要的学习场所，有关创业的基础知识、技能等都来自高校。

综上所述，高校创业教育需要在"五大建设"的共同推进中不断完善，政府部门、社会组织或企业、孵化或实践基地、高校"四大因素"缺一不可，四者相互协调、有机结合、友好合作，共同促进高校创业教育模式的创新进程。

三、高校创业教育信息化体系推行措施

（一）改善高校创业教育的宏观环境

"双创"环境下，政府、社会以及高校都更加鼓励大学生创业。在孵化基地实践的大学生可以等同于参加创业学习，其参与孵化基地实践的时间，可按照相关规定转化为创业教育的学分。如大学生想保留学籍创业，高校可允许其调整学业进程，按照规定给予学生一定的休学时长，实行弹性学制。要推动高校关于创业基础、创业指导等课程的开展，应设立专项基金，保障创业教育课程的实施。

国家大力支持"双创"，在政策制定上体现出对大学生创业的支持。越来越多的政策、文件出台，以文本形式将创业教育的权利固定下来，为高校创业教育奠定牢固的政治基础，同时也是创业教育其他环节实施的重要保障。因此，高校应当行动起来，将国家、政府的政策落到实处，渗透到大学生的日常学习中，激发他们内在的创业热情与欲望。与此同时，有关创业教育的政策也应当随着经济、社会的发展而不断完善，这也是时代信息发展对创业教育提出的内在要求。

（二）学校领导坚持顶层设计

高校是创业教育工作实施的核心组织，作为高校领导，要认识到创业教育的重要性，要从顶层设计上重视起来。在具体工作中，建议设立校级的创业教育管理部门，由学校一把手总负责，主持学校教学、教研、财务、设备等实务，实行个人负责制，各院系教学、科研、学工部、党团委等部门都加入，齐心协力支持大学生创业教育。

在实施过程中，学校主管领导负责定总方案，具体工作要监督分管负责人落实，创业教学教师和教务管理人员要各司其职，有创业意向的大学生要积极参与。由此形成自上而下的创业管理机制，全方位的监督机制，进而推进高校创业教育总体向前发展。

（三）加大高校创业教育经费投入

高校创业教育要顺利开展，必须保证充足的经费投入，具体包括政府拨款、

企业或社会组织赞助、个人出资或高校专项基金等。资金投入以保障大学生创业教育、创业计划的顺利实施为目标，具体用于高校开展创业大赛、创业活动，孵化基地运营经费投入、大学生创业项目支持等。只有在各方经费的投资前提下，高校大学生才能在创业实践中实施自己的创业计划，如参与孵化基地活动、高校创业大赛，进行市场调查、创业培训、项目实施等一系列工作。

值得重视的是，为了创业教育的顺利开展，要将创业经费的使用限定在高校监管范围内，如设立专门的基金管理处等。社会各界和学校为大学生创业提供的资金帮助是善意的，如何避免经费滥用、如何让更少的钱发挥出最大的功效尤其重要。对此，需要高校拓宽思路，优化资金配置，把资金用在刀刃上，让更多的大学生得以受益。有创业意向的大学生和高校还可以主动出击，依托机构推广他们的创业项目，让项目与企业生产无缝衔接，从源头上拉动大学生创业链条。

（四）借助社会资源提供创业教育相关服务

大学生是未来社会发展的中坚力量，政府、社会各界、高校应该盘活各种资源，为大学生创业提供支持和服务。例如，高校可以和企业合作，为学生提供创业的实践活动和场所；企业可以将大学生的就业与企业的人才招聘对接，提前培养大学生的社会实践能力、职场适应能力等。与此同时，高校还应当主动承担起保障大学生合法权益的责任，主动与社会保障等相关部门协调，为大学生创业开通绿色通道，并且构建完备的服务体系，让有志于创业的大学生能够得到及时、专业、全面地指导。

高校创业教育只有在各方共同努力下，才能顺利开展，大学生的创业之路才会顺畅，社会发展才可以迈向更高的台阶。

第四节　高校创业教育信息化体系实施保障

一、转变高校与家庭的教育观念

（一）转变高校的教育观念

社会在快速发展，社会对人才的需求也在不断变化，高校教育应该和社会发展步伐相一致。但是，目前从实际来看，我国教育并没有赶上社会的发展步伐，教育落后主要体现在教育内容陈旧，学生所掌握的知识不适应时代的新发展、新需求，人才就业难，很难适应社会发展。教育内容的陈旧限制了人才的更好应用，所以，高校应该转变教育观念，创新教育思路，将素质教育作为创业核心。

高校教育培养技能是一方面，培养创新思维和习惯方法是另一方面。高校教育应该帮助学生树立正确的择业观念，培养学生动态化的就业观念，在专业静态就业环境下，培养创业思想观念，为学生未来的就业和创业提供更多选择。也就是说，高校转变教育观念时，应该从传统的教育观念转变为培养复合型人才的教育观念。

对社会未来人才的培养应该是多方面、多角度的，应改变以往单一性人才的培养方式，解决以往人才意识单一、思维固化、只能适应某一特定专业需求的特点，应该将人才培养成全面发展、基础扎实、思维灵活、适合多种专业的创新型人才。高校的教育理念不能局限于知识和技能，更应该注重理念和创新意识的培养，培养学生适应各种专业工作的能力。

以往，社会多需求某一特定专业的人才，是因为当时社会劳动力紧缺，教育为了给社会提供更多的劳动力，主要培养的是某一专业人才。但是，当今社会需要的是能够进行工作创新、具有工作能动性的人才。所以，高等学校教育需要转变教育观念，适应社会人才需求，形成新的人才培养模式。从某种程度上来讲，建成新的培养机制，需要展开新的教育形式，创造新的教育基础。比如，为了适应社会发展，应该进行创新，教育创新机制的形成就是以创新教育为基础，而在进行教育方式改革之前，要转变教育理念，转变理念才能改变教育现状，才能形成新的培养机制。

我国大学以专业进行分门别类地培养，培养方式主要是课堂教学，在这样的教育环境下，学生形成一种以专业为终身职业的认知，但世界是变化的，对人才的需求也是变化的，尤其是科技的发展取代了机械性的人力工作职位。对此要求人们形成变化的思维模式，具备动态化的工作能力，也要求学校进行创新教育，改变教育模式，既传播理论知识，也通过实践培养大学生的创造能力，通过实践提升大学生的综合水平，为大学生未来步入社会夯实基础。

高校转变教育模式，需要突破以往的培养模式，打造新的就业模式，形成正确的就业观念。高等教育应该紧跟时代发展步伐，及时改变教育模式，更好地满足社会和人才的发展需求，帮助学生更好地实现人生梦想，也为中国梦的实现、中华民族的伟大复兴输送更多优秀的人才。

创业教育的本质是创新，只有形成创新意识、具备创新能力，才能满足创业教育的基本需求。创业教育是高校前所未有的尝试，无论是教育方法还是教育功能，都与传统教育形式不同，是从本质上展开的革新。创业教育的主要目的是培养学生的创新意识、创业意识，形成创意思维，获得创业技能，全面综合地培养教育人才，使人才可以进行创新创造。

大学生创业，需要自身具备自主性，思想上自信、坚定、果断，品德上勤劳、诚信，思维上创新、创造，只有这样，才能成为合格的创业者。除此之外，还要通过实践培养大学生对问题的分析、研究和解决能力。为了实现对人才的创新培养，学校应该形成有效体制，切实推进创业教育相关工作，明确创业教育重要作用，在学校内形成促进创新创业的良好氛围，形成上下合力，推进创新创业教育在大学的实际开展和应用，为国家培养新型的创业人才。

（二）转变家庭的教育观念

人们从小受到家庭环境的影响，这种影响是深刻的，甚至是终身的。家庭影响主要体现在心理素质、品质、人格方面，是社会教育无法达到的。家庭教育是一个人的人格、品德方面最重要的来源。父母的行为、话语、对待事物的态度、待人接物的方式，都会影响儿童人格和品德的形成，也就是说，家长的行为对儿童的成长起到一定示范作用。所以，在儿童成长和培养过程中，家长和学校应该为儿童做出良好示范[1]，对此可以从以下三个方面入手：

首先，家校之间应该进行有效沟通。无论是家长还是学校，都应该对学生进行全面了解，才能展开有效教育。家长不能依赖学校进行全部教育，应该配合学校，共同挖掘学生的潜能，只有这样，才能培养他们创新创造的意识。培养创业精神，需要从小让学生形成艰苦奋斗、勇于尝试的人生态度，为学生创业精神的形成打好基础。

其次，如果学校条件允许，应该定期组织家长交流会，促进家长之间的思想交流。家长交流会有助于家长了解并且接受创业教育的形式，学校通过举例的方式，帮助家长认识创业的优点和可能出现的风险，引导家长接受创业教育模式，通过家庭和学校共同努力，完成创业教育的实施。

---

① 廖君丽. 大数据在高校创新创业实践中的运用探索 [J]. 中国管理信息化，2019，22（24）：202-203.

最后，家长应该为学生的发展提供精神上的鼓励和意愿上的尊重。为了学生更好地发展，家长应该培养他们的实践能力，鼓励他们参加创业比赛和社会实践，有助于培养他们的动手能力、环境应变能力和思维能力、解决问题的能力、勇于挑战困难的能力等。

二、建设高校创业教育教学评价体系

（一）施行创业教育教学机制

无论是何种目的的教育，都应该有适合该教育形式的教学机制，创业教育也是如此，必须形成机制才能有效施行。对此，要求高校在实行创业教育时，建立相应的教学机制。

首先，创新教学观念。社会环境在快速变化，经济也在飞速发展，无论从哪种角度来说，教育都应该紧跟时代脚步。对传统教育方式的改变是必然的，创业教育可以帮助学生形成综合能力，而创新教学观念是在创业教育过程中加入新的能力培养，综合培养学生的素质和能力，使学生养成良好的学习习惯，形成科学的学习方法、学习思维、学习技巧，激发学生学习的主动性，让自主学习成为他们的学习常态，让创新学习成为他们的学习动力、学习目标。这些目标和能力的养成都需要创新教学观念。

其次，创新教学评价。在应试教育环境下，衡量学生的标准主要是学习成绩，这样的教学评价模式已经显现出弊端。我们发现学生的综合能力评价并不能依靠于成绩，还要注重综合素质的培养。培养学生的主要目的是为社会发展做贡献，所以学生的综合培养一定要以社会需求为主，要以学生就业、创业为培养目标，所以当今的教学评价应该为创业教育需求做出改变，形成全方位的评价标准。标准应该从学生培养模式和教学课程规划方面开展，根据社会人才需求，制定针对性的培养模式，展开针对性的教学，才有助于形成人才对社会的适应能力。

最后，创新管理模式。目前，我国高校管理一般以集权式为主，这样的管理模式不利于学生创业精神的培养，也不利于开展创业教育，为此应该制定更加开放的管理模式，让学生参与到学校的管理工作中。通过放权给学生，让学生进行管理，可以增加学生对自身主人翁身份的认同，更有利于学生思维的发散和思想的发展。

（二）强化创业教育师资队伍

高校开展创业教育除了以科学有效的教学机制为基础，还需要拥有高水平的师资队伍，但是从目前教育现状来看，我国师资队伍普遍能力不足，比较薄弱，影响创业教育的实施。能力不足主要体现在无法将理论知识和实际进行有效结合，对此可以参考已经转型成功的学校，结合自身学校的实际需求，进行创业教育计划的制订和师资队伍的建设。

创业教育的师资队伍建设，一般包括五个领域：

一是工程技术领域。目前，我国科学技术处于飞速发展中，科学技术最新动态在不断更新，掌握最前沿的科学动态是创业教育的基本要求。科学技术之间是相互关联的，没有学科壁垒，不同技术之间的共享促进了各个学科的发展。高校在开展创业教师师资队伍建设时，可以聘请工程技术类专家为学生分享最新科技动态，讲授创业需要做的准备工作以及可能遇到的挑战，分享他们的经验，帮助他们做创业决策。

二是成功创业的企业。企业家之所以会受到社会青年的广泛关注，是因为他们的创业成功是通过艰苦奋斗和拼搏进取获得的，他们有让人敬佩的号召力。创业者在创业之初，会以他们的经历为榜样，学习他们的品质、吸取他们创业之路的教训，不断激励自我，保持创业信心。除此之外，企业家创业过程中的创业事迹也非常感人，能够说服广大青年投身创业。此外，成功企业家的创新引领精神可以给学生带来启发，让青年学生的创业信息更新，通过不断地创业实践，形成创业创新意识，为未来的创业做好基础。

三是政府部门领域。政府部门掌控着经济的发展方向，是市场的运作者。政府是经济政策和经济法律法规的出台者，每一条政策和法规都会引起市场变化，同时，政府也负责市场中的政策引导、规定执行、市场监督，创业教育必然会涉及经济知识的教育。对此，高校可以聘请政府部门的工作人员走进校园，进行经济政策和经济法律法规讲解，帮助大学生理解经济未来的发展方向，解读经济法律法规。

四是风险投资领域。风险投资专家既是企业的经营者，也是企业的投资者。风险投资家的作用不仅是为企业提供运营资金，最主要的作用是提供企业管理经验，通过风险投资家的讲解，大学生可以形成对风险的心理防备，了解创业过程中可能存在的风险。与此同时，风险投资家可以鼓励学生直面失败，有面对失败的勇气，才能获得成功。

（三）构建创业教育评价体系

目前，我国处于教育改革阶段，为了更好地实现创业教育，需要建立科学有效的运行机制和评价体系。随着创业教育进程的推进，机制和体系的存在作用越来越显现出来。创业教育的目的是培养学生创业所需要的创业意识、技能和精神，创业教育具体的价值需要依赖评价体系，才能形成真实有效的结果。所以，教育评价体系的存在可以更好地促进创业教育的发展，提高创业教育的教学水平。也就是说，创业教育相关的评价方法、标准以及实施评价的方式和评价反馈的方式，都是创业教育应该关注的主要内容。

国外创业教育评价体系经过多年发展和创新，已经形成基本框架，一般情况下，主要评价创业教育的课程设置、教师的学术水平、毕业学生的创业能力、参与的创业项目、学校毕业生创立的企业数目等。我国创业教育主要进行两个方面评价：一是阶段性评价；二是价值性评价。我国创业教育评价体系要求评价不能只针对学生，还应该针对教育所产生的社会价值，比如增加社会财富、带动社会如何发展等，都是评价教育涉及的标准。

高校的创业教育评价体系必须具有可操作性，可操作的评价体系才能真正促进创业教育的发展。因此，应该根据我国实际情况，制定符合我国国情的教育评价标准，通过实践不断完善评价标准。只有建立完善的标准，创业教育水平才能得到保障。

三、建立健全大学生创业环境

（一）营造浓厚的校园创业文化

校园创业文化是高校师生开创事业的思想意识形态。校园创业文化氛围的营造，对创业教育的发展具有巨大的影响力，需要所有师生共同参与。高校可以通过开展不同的活动方式，如创业讲座、研讨会和模拟活动等，激发学生的创业兴趣，培养学生的创业意识，提高学生的创业素质和能力。其中，创业能力应该从实践中得到提升，对此，高校需要经常举办创业类竞赛活动，制定有助于学生展开创业的制度，搭建创业服务平台，设立学生创业基金，为大学生实现自主创业提供保障，让大学生学会通过创业，将自身的创新成果和智力成果转化为有形的财富。

相比于校外的创业环境，校内的创业市场更有利于大学生进行创业锻炼，原因在于大学生对校园内部的各种情况非常熟悉，了解如何利用学校现有的教育资源，而且学校能够为大学生的创业教育提供多方面支持，比如学校设立创业基金、创建创业示范基地等，大学生不会受到创业资金筹集和创业场所建设等问题困扰。同时，在学生遇到各种创业难题时，专业的辅导教师也会给予指导。

资金筹集是大学生创业过程中必然存在且需要解决的难题。为解决此类问题，高校可以设立专项资金，创建风险基金管理机构。针对大学生设立的创业项目，聘请专家进行评审，筛选出符合条件的创业项目，定期监控每个创业项目的进展情况，针对出现异常的创业经营状况，需要及时改进和调整，使创业风险降至最低，确保资金的顺利回收和循环利用。

高校要充分发挥自身的职能作用，利用现有的一切资源，尤其是信息资源和人力资源，应用先进的信息技术，建立创业服务网站，收集有关创业信息，并对信息进行统计和分析，为大学生的创业以及就业提供信息服务。除此之外，学校还要加强创业宣传力度，营造良好的校园创业氛围，通过创业成功案例的讲解以及宣传工具的利用，将创业精神发扬光大，调动学生的创业动力，引导学生积极参与创业活动。

（二）营造积极的社会创业氛围

积极的社会创业氛围有利于创业教育的发展。在创业教育过程中，学校作为主体之一，具有主导性的教育作用。然而，创业教育的展开与实施只依靠学校是难以完成的，还需要社会各界力量。比如，政府能够为创业教育提供政策和资金等方面的支持，相关培训机构能够为创业教育提供指导和咨询等服务。

社会创业氛围的营造是创业教育良好发展的推动力，这种推动力并不是显而易见的，而是潜移默化的。高校需要营造浓郁的创业氛围，应不断普及有关创业的理论知识，让大学生深刻认识到创业的重要性，并针对教育资源进行优化和配置，实现对大学生的创业教育。此外，高校要支持致力于创业领域的辅导教师或科研人员，通过提高经费额度等激励方式，调动他们对创业教育的动力，保持他们对创业教育的热爱。高校可以设立专业的创业教育管理机构，创建创业教育服务网站，定期举办有关创业的研讨活动，鼓励学生踊跃发言，主动分享自己对创业的想法和意见。高校还可以定期组织大学生参加创业公司的实习活动，加深大学生对创业的了解，提前体验创业公司的工作氛围。更重要的是，提高学生的实践能力和创业素质，打破学生对创业就业所形成的传统观念。

高校开展创业教育需要社会各行各业的支持。作为政府，要充分发挥自身职能，除了为创业教育提供政策和资金支持之外，还要号召社会其他机构积极参与创业教育过程中，帮助和指导大学生顺利地展开创业活动，并为大学生创业提供人力和技术等服务。作为学生家长，要培养孩子持之以恒、永不言败的创业精神，适当地给予鼓励和支持，提高他们的主观能动性和创业自信心。

（三）建立完善的创业组织机构

我国大多数高校所建立的创业组织机构都存在很多问题，需要改进和完善，甚至一些高校没有设立创业组织机构。对此，各高校要统一创业教育思想理念，建立健全创业教育保障机制，设立创业教育组织机构，保障创业教育工作顺利展开与实施。此外，各高校还要设立监督和考核机构，定期监管每个部门的工作情况，同时给予相应的指导和帮助。作为创业教育的领导者，要根据学校的发展情况，制定创业教育政策，改进和完善创业教育体系，通过培训服务和激励措施，加强创业教育师资队伍的建设，建立健全创业组织机构，设立大学生创业服务平台。以上都是大学生创业道路上的有力武器和坚强后盾。

四、社会对高校创业教育的支持

在社会信息化发展的时代下，需要重新确立创业教育的定位，人们对创业教育的认知也要改变。创业教育的展开与实施不仅是学校的责任和义务，还是全社会共同承担的责任和义务。高校创业教育要与社会环境相连接，更要与社会认同相适应。对于创业教育的发展，建立社会认可体系至关重要。也就是说，若缺乏社会认同，高校创业教育则无法顺利展开，创业教育自然不能成为高校的教育内容。

（一）加大政府对高校创业教育的支持力度

如今，随着社会经济的快速发展，市场需求也越来越显著，在这种情况下，国家鼓励和倡导大学生自主创业，并出台相关的扶持政策。

政府在高校创业教育中扮演着多重角色，比如倡导者、扶持者和监督者，主要体现在政府为创业教育的发展提供了资金支持和便利条件，还号召社会各行各业积极参与，特别是相关的教育机构，更是倡导企业与高校建立合作关系，为高校创业教育提供人力、场地等服务，同时监督各部门创业工作的完成情况。以上都是政府的职能所在。此外，政府还应制定能够满足市场需求的政策方针，这一举措进一步推动了高校创业教育的发展；国家和各地方政府提出相关优惠政策，劳动和社会保障部门制定扶持措施，一些发达地区已经开始实施工作，如创业者在办理工商执照后，凭借自己的相关证明和户籍证明，能够申请5万元至50万元不等的小额担保贷款。

在创业过程中，启动资金和后续资金是制约大学生创业积极性的重要因素之一，资金的缺乏必然影响大学生的创业动力。为了保障大学生能够全身心地投入到创业工作之中，社会各界和政府部门要共同为其保驾护航。

政府已经颁布有关创业的文件要求，为大学生创业提供了便利条件，也是一种激励大学生创业的举措。各地政府制定创业优惠政策，甚至部分地方政府还提出两年之内免除全部税收，其目的不仅是激发大学生参与创业的积极性，还降低了大学生的创业成本，尽可能地将大学生创业风险降到最低。对于初入创业领域的大学生而言，无论是政府支持，还是专家指导，都是他们创业的动力源泉和必要保障。

（二）强化校企合作关系

随着经济全球化进程的加快和信息化时代的到来，"毕业包分配"的大学生毕业就业模式早已无法与时代脚步相适应，取而代之的是大学生"就业难"现状。基于这种日益严峻的就业形势，高校教育所面临的机遇与挑战并存，应该积极开展就业指导服务，鼓励当代大学生自主创业，并为其提供方法、技巧与理念指导。

校企合作模式可以助力当代大学生成功就业、自主创业，并已成为众多高校和企业的共同选择。一方面，企业通过与高校建立合作关系，比如以企业名义设立奖学金，可以为大学生提供很好的施展平台和资金支持，也可以为自身招揽更多优质人才，提升企业的核心竞争力；另一方面，高校在深化与企业的合作关系中，比如与企业联合办学，可以将以实践为核心的创业教育落到实处，为学生就业提供更多支持。因此，强化校企合作关系，对企业和高校来说是一个双赢的选择。

对于学校，校企合作发挥的优势在于建立创业教育实践服务基地。高校正以多种方法推动学生创业教育，比如外请企业家专题讲座、企业产品（或服务理念等）在校宣讲会等，或者鼓励学生创办创业性质的大学社团，由学校或高校提供创业资金支持和服务支持。在这些活动作用下，大学生创业教育理念得到不同维度的深化，并逐渐完善成为一个科学严谨的教育工程系统。学生也可以在这样的过程中培养自身创业意识，开始了解甚至是尝试自主创业，在增长创业经验的同时，获得一定的经济回报和经验回报。同时，在大学校园里形成人人创业、自主探究的良好风气，并成为和谐校园氛围的重要组成部分。

对于企业，尤其是通过联合办校模式进入校园的企业，校企合作为其开启了人才招募新思路。通过校企合作途径进入企业的实习生，作为企业的新鲜力量，可以帮助企业解决实际问题、提升经济效益、节约经营成本。学生在实践过程中，增长社会经验，对社会环境有了更深刻的体会，对自主创业有了更多兴趣。校企合作，尤其在很多民办院校和专业技校中受到推崇，使产、学、研一体化带动学生创业。

总之，以创业教育实践服务基地的建立为典型，强化高校与企业间的深入合作，以高校和企业资源配置的优化带动大学生创业教育，已经成为高校培养人才、企业吸纳人才的重要途径。

（三）发挥创业教育中介组织的优势

"创业中介组织"是从西方高等教育中介组织中得来的概念，是连接政府、高校、企业和其他类型社会组织的重要纽带，为推动教育改革和发展、学生的个人成长与进步发挥着重要作用。在高校创业教育日新月异并受到越来越重视的环境背景下，推动以政府大力支持、社会企业和其他组织共同协作的创业教育中介组织建立，已然成为大势所趋。创业教育中介组织对大学生创业教育的推动作用是任何组织或个人所不能替代的，主要体现在两个方面：

首先，分担政府承担的创业奉献。创业教育中介组织可以为学生创业教育提供创业方向指导、创业项目推介、创业项目风险评估及小额创业贷款和创业贷款担保等，在一定程度上分担了政府本应承担的风险。

其次，分担高校教育工作压力。创业教育中介组织可以为高校大学生创业教育提供便利条件，比如提供创业信息服务、市场指引服务、技术咨询服务等，从而丰富高校创业教育的渠道和形式。

除此之外，因自身所特有的专业性和技术性，创业教育中介组织可以通过为学校或其他教育主题提供教育咨询、教学评估等服务，降低学校教育成本，提升学校资源利用率，提高高校创业教育质量。对于学校而言，创业教育中介组织实现了学校之间互通教学信息的效率，既能便于学校之间的经验交流、统一认识和思想，也能使得问题的发现及解决更快捷、更有效；对于政府和社会大众，创业教育中介组织更加凸显其在信息共享和促进合作方面的重要作用。

　　谈及信息的获取和处理应用，较强的专业性一定是绕不开的话题，而创业教育中介组织的存在，在一定程度上缓解因政府和学校专业人才有限，出现信息精准性低的现象，使收集到的信息更为精准。事实上，这一点早在西方发达国家的部分政府部门得到有效实践，他们往往会选择创业教育中介组织负责信息采集工作，以便得到其制定政策的数据参考。

　　除了专业性之外，创业教育中介组织的另一个突出特性是具有广泛的群众基础。受该特性影响，创业教育中介组织收集的信息更易为社会所接受和认可，可信度也得到大大提升。从这个角度来说，创业教育中介组织在一定程度上推动了政府、高校和社会共同发展。与此同时，创业教育中介组织还应承担科学、公正评估高校创业教育实施情况，以客观的评价机制和评价体系，监督高校创业教育更好地落实。这种评价和监督功能主要体现在建立以资深企业家、企业管理高层、高校决策者、主管企业发展的政策领导等为核心的专家团队上，通过充分发挥其在创业资源、管理经验、行业地位等方面的优势，对大学生创业进行科学评价，帮助他们看清自身的问题、寻得改进问题的方法，夯实大学生创业的经验和思想基础。

结束语

　　我国经济发展模式以及科技创新活动的深入开展，对高校教育管理提出了新要求。大数据技术的出现极大地推动了我国高校教育管理的信息化进程，借助于现代化的信息技术手段，使已存在的高校教育管理机制得到进一步优化，推动教育管理环境的优化、教学资源的开发、教师队伍的培养、学生管理的信息化、思想政治教育与创业教育的信息化发展，促进高校运营管理效能，使得高校健康可持续发展，厚植高校发展优势，增强综合实力。

　　本书将大数据技术与高校教育管理工作相结合，着力推动教育管理工作的信息化。为了达到这一目标，本书在吸收有益经验基础上，从多个维度出发，实现大数据技术与高校教育管理信息化的有效衔接，明确高校教育管理信息化工作要求，并结合实际情况，对信息化环节存在的问题开展探讨，从重视程度、技术设备升级等层面出发，推动信息化工作稳步进行。本书旨在全面推动高校教育管理信息化进程，为高等教育体系转变提供新的方向。

参考文献

一、著作类

[1] 陈桂香. 基于大数据的高校教育管理研究［M］. 北京：科学出版社，2018.

[2] 芮国星. 信息时代高校创业教育体系研究［M］. 西安：陕西师范大学出版社，2016.

[3] 申怀亮. 高校教育管理信息化建设［M］. 北京：光明日报出版社，2016.

[4] 王新峰, 盛馨. 信息化思维下的高校学生管理［M］. 长春：吉林文史出版社，2016.

[5] 王彦, 杨晓宁, 李雪敏. 信息化时代下的高校思想政治教育［M］. 武汉：武汉大学出版社，2016.

二、期刊类

[1] 陈海军. 大数据视野下的高校教育管理发展路径［J］. 中国成人教育，2018，000（003）：43–45.

[2] 陈杨波. 大数据时代的高校教育管理工作优化途径探讨［J］. 电子商务，2019（05）：93–94.

[3] 程晓光. 大数据时代下高校教育管理信息化创新发展路径［J］. 黑龙江教育（理论与实践），2017（Z1）：53–54.

[4] 丛亮. 大数据背景下高校信息化教学模式的构建研究［J］. 中国电化教育，2017，000（012）：98–102，137.

[5] 单耀军. 大数据背景下高校学生管理信息化研究［J］. 教育与职业，2014，000（023）：27–29.

［6］邓国峰，庞智.大数据技术在高校思想政治教育中的应用研究［J］.广西社会科学，2018，No.276（06）：18-22.

［7］丁玉斌，刘宏达.大数据时代高校创新创业教育的挑战、问题与对策［J］.学校党建与思想教育，2018，588（21）：74-78.

［8］侯秋月.高校创新创业教育课程体系的信息化构建［J］.课程教育研究，2019（14）：50+53.

［9］姜蔺，韩锡斌.高校教师信息化教学能力培训迁移的分析框架［J］.中国电化教育，2018，000（004）：17-25.

［10］康巍巍.大数据时代下的高校教师专业发展［J］.教育与职业，2016，000（015）：46-47.

［11］李霞玲，李敏伦.信息化背景下高校思想政治教育协同机制的构建［J］.学校党建与思想教育（高教版），2019，000（017）：68-71.

［12］李亚翠.高校教育管理信息化迎来大数据时代［J］.大学教育，2015（03）：181-182.

［13］廖君丽.大数据在高校创新创业实践中的运用探索［J］.中国管理信息化，2019，22（24）：202-203.

［14］鲁肖肖.基于大数据的高校信息化建设探究［J］.科技与创新，2020（18）：142-143.

［15］马俊，王莉，胡找心.信息化背景下高校思想政治工作创新探究［J］.学校党建与思想教育，2018，000（006）：52-53.

［16］马星，王楠.基于大数据的高校教学质量评价体系构建［J］.清华大学教育研究，2018，39（2）：38-43.

［17］潘婷.大数据时代背景下的高校学生管理工作探究［J］.中国成人教育，2016（06）：62-65.

［18］秦燕.大数据在高校信息化建设中的应用［J］.电子元器件与信息技术，2020，4（06）：93-94.

［19］覃福钿，李晶.大数据对高校教学研的影响与探索［J］.计算机工程与科学，2019，041（0z1）：238-241.

［20］王桂月，冯婧.大数据背景下高校创新创业教育模式构建［J］.科技视界，2019（32）：155-156.

［21］王通讯.大数据开启人才发展新机遇［J］.中国人力资源社会保障，
　　　2020（11）：58.

［22］王闻萱，赵力佳.信息化时代下高校课堂教学的创新发展［J］.科技
　　　创新导报，2020，17（11）：209-210.

［23］王兴波.大数据时代高校思想政治教育改革探析［J］.学校党建与思
　　　想教育：上，2018，000（003）：60-61.

［24］王艳芳.信息化视野下的高校创业教育研究［J］.中国管理信息化，
　　　2020，023（001）：222-223.

［25］王振.大数据驱动高校创业教育［J］.电子世界，2020（04）：58-59.

［26］吴艳红."互联网＋"大数据背景下高校大学生创新创业机制研究［J］.
　　　创新创业理论研究与实践，2019，2（24）：184-185.

［27］向爱国.大数据时代高校学生教育管理创新思考［J］.化工进展，
　　　2020，v.39；No.340（01）：428.

［28］项丹.云计算与大数据时代下的高校教育教学管理信息化策略［J］.
　　　中国成人教育，2017，000（006）：40-43.

［29］辛宝忠，于钦明，姚凤祯.运用大数据创新高校思想政治教育工作路
　　　径探究［J］.思想理论教育导刊，2019，000（008）：138-141.

［30］徐永利.大数据融入高校思想政治教育探析［J］.中国电化教育，
　　　2018，383（12）：46-53.

［31］杨志明.5G通信网络对大数据技术的发展与促进［J］.电子测试，
　　　2020（21）：119-120.

［32］于乐，唐登萤.信息技术与高校思想政治理论课融合的实践性思考［J］.
　　　学校党建与思想教育：上，2018，000（009）：60-62.

［33］翟大昆.大数据背景下高校信息化教学模式构建研究［J］.计算机产
　　　品与流通，2020（11）：120+142.

［34］张国利.大数据时代高校教育管理思维转向与实践理路探讨［J］.中
　　　国成人教育，2016（10）：57-59.

［35］张皓.信息化背景下基于大数据的高校教育管理探究［J］.才智，
　　　2019（36）：187.

［36］张娟.基于大数据的高校思想政治理论课教学改革研究［J］.黑龙江

高教研究，2018，000（004）：139–142.

［37］郑文捷.高校学生管理信息化平台与服务构建探索［J］.宁夏社会科学，2016（4 期）：254–256.

［38］邹太龙.大数据时代高校教育管理的可能走向及实现路径［J］.高教探索，2017（11）：12–18.